Prof. Dr. Michael Hamm
Heinz Dieter Spanier

Sporting

INTERNATIONALE FITNESSKÜCHE

Rezeptredaktion: Renate Schütterle

HÄDECKE VERLAG

Inhalt

Rezepte

Fitnessbewußt genießen

Längst sind Genuß und Gesundheit beim Essen keine unvereinbaren Gegensätze mehr. Entscheidend sind frische Zutaten, abwechslungsreich ausgewählt und leicht zubereitet. Dieses Qualitätsbewußtsein macht die neue Einheit von Gesundheit und Genuß beim Essen aus.

Die ausgewählten Rezepte der internationalen Fitness-Küche sollen kulinarische Urlaubserinnerungen wecken und beweisen, daß Fitnessbewußte und Feinschmecker durchaus den gleichen Geschmack haben können. Im Rahmen eines Reduktionsplanes können die schmackhaften Gerichte auch zum Schlankwerden und Schlankbleiben beitragen. Die meisten Rezepte sind für die fett- und cholesterinbewußte Ernährung geeignet, viele sind ausgesprochen ballaststoffreich — also auch Fitness-Küche für Herz und Kreislauf. Die Nährstoffhinweise (F, Chol, BS) helfen bei der gesundheits- und fitnessgerechten Auswahl.

Sportlerernährung

Das Grundmuster der Sportlerernährung sollte heute kohlenhydratbetont, eiweißhochwertig und fettkontrolliert sein. Lebensmittel mit einer hohen Dichte an B-Vitaminen, Magnesium, Kalium, Eisen und Zink sind zu bevorzugen. Die Ernährungsgrundlage des Sportlers ist eine ausgewogene Mischkost mit pflanzlichen und tierischen Lebensmitteln. In der Trainingsaufbauphase spielen eiweißreiche Lebensmittel (Fleisch, Fisch, Ei, Milch und Milchprodukte) eine größere Rolle, während vor, während und nach einem Wettkampf auf eine kohlenhydratreiche Kost geachtet werden muß — nicht im Sinne von »entweder-oder«, sondern in einer jeweils sinnvollen sportabschnittspezifischen Akzentuierung.

10 Regeln für fitnessbewußte Genießer

1. So abwechslungsreich wie möglich essen. Damit ist eine gute Nährstoffversorgung und Genuß beim Essen verbunden.
2. Fünf insgesamt kleinere Mahlzeiten sind für Leistung und Wohlbefinden sowie für die Hunger-Sättigungs-Regulation vorteilhafter als wenige üppige Portionen.
3. Langsames Essen (gut kauen) fördert die Bekömmlichkeit, trägt zur besseren Sättigung bei und läßt ein Essen erst zum Genuß werden.
4. Genügend Trinkflüssigkeit ist wichtig für die gesunde Herz-Kreislauf- und Nierenfunktion.
5. Ballaststoffe sättigen, ohne mit Fett zu belasten, und sind eine gute Voraussetzung für die gesunde Darmfunktion.
6. Frischkost als Rohkostsalat und Obst der Jahreszeit sollten täglich auf dem Speiseplan stehen. Reichlich frische und tiefgefrorene Küchenkräuter verwenden.
7. Kohlenhydratreiche Lebensmittel wie (Vollkorn-)Brot, Kartoffeln oder Vollkorn-Reis und -Teigwaren sind neben Gemüse und Obst Fitnesskost. An diesen Lebensmitteln sollten Sie sich »satt« essen. Gemüse und Obst haben eine hohe Nährstoffdichte, das heißt ein günstiges Verhältnis von Vitaminen und Mineralstoffen zu den Kalorien.
8. Fleisch und Fisch sind nicht nur wertvolle Eiweißquellen, sondern sie ergänzen die pflanzlichen Lebensmittel mit lebensnotwendigen Spurenelementen wie Eisen, Jod, Zink und Selen.
9. Frischmilch, Sauermilchprodukte und fettarme Käsesorten sind wichtige Eiweiß- und Calciumquellen.

10. Statt rigoroser und einseitiger Schlankheitsdiäten besser die Ernährung umstellen. Seien Sie sparsam mit Fett, Alkohol und Zucker! Ausreichend Bewegung unterstützt die Ernährungsumstellung und trägt zur besseren Regulation des Zucker- und Fettstoffwechsels sowie von Hunger und Sättigung bei.

»Ess-Kapaden«

Die Geschmäcker sind verschieden. Die Kontraste in der Zusammensetzung und Zubereitung der Mahlzeiten in der Welt sind unübersehbar. Von Kontinent zu Kontinent, aber auch von Land zu Land, zeigen sich große Unterschiede. Sogar innerhalb eines Landes gibt es regionale Besonderheiten.

Der Mensch — ein vielseitiger Esser

Die Vielfalt der möglichen Ernährungsweisen ist nicht willkürlich, sondern hat System. Nur weil der Mensch ein Allesesser ist, konnte er die ganze Welt besiedeln und aus dem jeweils vorhandenen Nahrungsspektrum eine ihm bekömmliche Kost zusammenstellen. Die Anpassung der Ernährung an die jeweiligen Umwelt-, Lebens- und Arbeitsbedingungen stand dabei im Vordergrund. Schon hier wird deutlich, daß es für alle Menschen keine einheitliche, verbindliche Ernährungsweise geben kann. Menschen essen nahezu alles, was auf diesem Planeten gedeiht. Es gibt Völker, die überwiegend tierische Lebensmittel verzehren, und solche, die hauptsächlich von pflanzlicher Nahrung leben. Die gewählte Ernährung muß jeweils in der Lage sein, den Energie- und Nährstoffbedarf des Menschen zu decken. Die Erklärung dafür, daß wir uns mit ganz unterschiedlichen Kostformen ernähren können, ist einfach. Es sind nicht einzelne Lebensmittel, die wir brauchen, sondern die in ihnen enthaltenen Nährstoffe wie Kohlenhydrate, Fette, Eiweiße, Wasser, Mineralstoffe und Vitamine. Im asiatischen Raum beispielsweise liefert Reis als Grundnahrungsmittel die energiespendenden Kohlenhydrate, die man in anderen Ländern aus Kartoffeln, Brot oder Teigwaren erhält. Ob Haferflocken mit Milch, Kartoffeln mit Ei oder Fleisch, Reis mit Fisch oder Bohnen mit Mais, die Eiweißversorgung stimmt in jedem Fall und ist auf die spezielle Lebens- und Umweltsituation der Menschen abgestimmt. Je vielseitiger die Mischung ist, desto sicherer ist auch die Nährstoffversorgung. Je begrenzter die Lebensmittelauswahl ist, desto schwieriger wird es, alle lebensnotwendigen Nährstoffe zu sich zu nehmen. Jede einseitige Kost birgt daher die Gefahr eines Mangels — übrigens nicht nur an Nährstoffen, sondern auch an Geschmackserlebnissen. Auch Lieblingsgerichte werden langweilig, wenn es sie täglich gibt.

Vegetarisch und vollwertig essen

Diese Überlegungen gelten auch für die verschiedenen alternativen Ernährungsweisen. Anders essen — die Entscheidung dafür wird meist aus weltanschaulichen, religiösen, gesundheitlichen und ökologischen Gründen getroffen. Grundsätzlich unterscheidet man bei den vegetarischen Kostformen die vegane Ernährung, bei der nur pflanzliche Lebensmittel gegessen werden, von der laktovegetabilen und ovo-laktovegetabilen Ernährung. Bei den beiden letztgenannten werden Milch und Milchprodukte sowie zusätzlich zu den Milchprodukten Eier gegessen. Der gänzliche Verzicht auf Milch, Fleisch und Fisch kann einen Mangel an Calcium, Jod, Zink, Selen und Eisen sowie bei sehr einseitiger Lebensmittelauswahl auch an lebensnotwendigen Eiweißbausteinen bedingen. Die Vollwert-Ernährung bevorzugt frische pflanzliche Lebensmittel, einen Großteil davon als Rohkost, täglich Milch bzw. Milchprodukte, im wöchentlichen Speiseplan ergänzt durch (See-)Fisch, Eier und Fleisch. Dem Motto der Vollwert-Ernährung: »So frisch, so einfach und so natürlich wie möglich« kann jeder Feinschmecker uneingeschränkt zustimmen.

Gesunde Vielfalt

Zu einer gesunden Vielfalt im Speiseplan tragen also Getreideprodukte, Kartoffeln, Gemüse und Obst ebenso bei wie Milch und Milchprodukte, Fleisch, Fisch und Eier. Wir dürfen alles essen, aber von allem das persönlich zuträgliche Maß. Eine ausgewogene Ernährung und ausgeglichene Energiebilanz durch bewußtes Essen und Trinken sowie genügend Bewegung sind der beste Gesundheitsschutz. Und mit Freude das Richtige zu genießen, ist sicherlich besser und gesünder, als aus Angst zu verzichten. Persönlich richtige Ernährung muß immer auch Wohlfühl-Ernährung sein — und diese lebt wiederum von der Vielfalt der Küchen, der regionalen und internationalen Rezepte.

Was macht die ausländische Küche gesund?

In der gesundheitlichen und kulinarischen Bewertung ganz oben stehen die Küchen der Mittelmeerländer und die asiatische — vorzugsweise die japanische und thailändische — Kochkunst. Ernährungsmediziner weisen darauf hin, daß die mediterrane und japanische Küche Herzschutzkost und Eßvergnügen zugleich sind. Überall am Mittelmeer wird viel Gemüse gegessen. Tomaten kommen in den meisten Gerichten vor. Duftende Kräuter und natürlich der Knoblauch sind die typischen Gewürze der mediterranen und nordafrikanischen Küche, die abgerundet wird durch das intensive Aroma des Olivenöls. Es ist verständlich, daß der Fisch naturgemäß eine große Rolle spielt. Zum herzgesunden Genuß gehört auch, daß man sich viel Zeit zum Essen nimmt.

Die asiatisch — speziell japanische — Küche ist nicht nur ein Erlebnis für Augen und Gaumen, sondern auch Fitnessernährung pur. Wer ernährungsbewußt lebt, kommt an dieser Ernährung aus dem fernen Osten nicht mehr vorbei. Sie ist fett- und kalorienarm, dafür reich an Vitaminen und Mineralstoffen, sowie — im Gegensatz zur allgemeinen Auffassung von gesunder Ernährung — ein ästhetisches Vergnügen. Frische Lebensmittel — am besten der Jahreszeit entsprechend — sind das A und O. Die Garzeiten im Wok (Universalgerät zum Pfannenrühren) sind kurz, das erhält Vitamine, natürliche Farb- und Geschmacksstoffe. Auf große Fleischportionen, tierische Fette und mächtige Sahnesoßen wird zugunsten einer ausgewogenen Kombination aus pflanzlichen und tierischen Eiweißträgern verzichtet. Traditionell überwiegt der Fischden Fleischverzehr. Gemüse einschließlich Sojabohnen spielen neben Reis eine große Rolle und werden stets abwechslungsreich verwendet. Die obersten Gebote der japanischen Küchenphilosophie sind Frische der Zutaten und Sorgfalt bei der Nahrungszubereitung, die dem Eigengeschmack der Lebensmittel gerecht wird. Im Vordergrund einer asiatisch inspirierten Fitnessküche steht der Leitsatz: frisch, leicht und vielseitig.

Speziell in Kalifornien, dem Ursprungsland der Fitness- und Wellness-Bewegung hat man — offen für vielfältige Einflüsse — eine eigene Variante der asiatischen Küche entwickelt ebenso wie in Europa: die sogenannte Euro-Asiatische Küche.*

* Vom selben Autor erschien das Buch »Euro-Asiatische Küche« im Hädecke Verlag.

Unsere kulinarische Fitness-Reise führt uns weiter nach Mexiko. Die mexikanische Küche ist nicht nur eine willkommene Bereicherung unter den vielen ausländischen Restaurants. Mit den richtigen Zutaten kann man auch zu Hause typisch mexikanische Gerichte zubereiten. Die farbenfrohen und ballaststoffreichen Gerichte auf der Basis von Hülsenfrüchten, Gemüse und Maismehlpfannkuchen (Tortillas) bieten auch viele interessante Anregungen für einen herzgesunden Speiseplan. Wir sollten ja neben Vollkornprodukten ohnehin mehr Hülsenfrüchte und Gemüse verzehren. Ohne Peperoni (Chili) wäre die mexikanische Küche nicht das, was sie ist, obwohl das Essen keinesfalls immer feurig scharf gewürzt sein muß. Bohnen sind neben Mais das wichtigste Grundnahrungsmittel in Mexiko, insbesondere die roten Bohnen, die durch das typische mexikanische Gericht »Chili con carne« (S. 52) bekannt sind.

Fruchtig, würzig, scharf — kurz »spicy« — das ist die Küche Mittel- und Südamerikas. Frische Früchte wie Mangos, Papayas, Ananas, Kokosnüsse und Limetten wachsen überall. Jamaika produziert viele Gewürze, mit denen es die ganze Welt beliefert. Mit roten oder grünen Chilischoten wird aber am liebsten gewürzt.

Interessante und weniger bekannte Rezepte bietet auch die Südsee. Sie ist von der asiatischen Küche beeinflußt und setzt trotzdem neue kulinarische Akzente.

Die gesunde Vielfalt der kulinarischen Entdeckungsreise soll uns auch Appetit auf Gerichte aus den skandinavischen Ländern, aus der Türkei ebenso wie aus Rußland und dem Herzen Afrikas machen.

Fündig nach den richtigen Fitness-Rezepten wird man allerdings in jedem Land dieser Erde.

Nährwertinformation zu den Rezepten

Rezeptangaben für 4 Personen
Nährwertinformation pro Portion
(ohne Beilagen)

Beispiel (Chicorée Brüsseler Art, Seite 11):

kcal	kJ	E/g	F/g	KH/g	BS/g
251	1.054	11,0	15,0	12,0	4,0
Chol/mg	Vit B 1/mg	Vit C/mg	Ca/mg	Mg/mg	Fe/mg
60,0	0,28	25,0	88	45	3,0

Es werden berechnet: Kilokalorien (kcal), Kilojoule (kJ), dann Eiweiß (E), Fett (F), Kohlenhydrate (KH), Ballaststoffe (BS) und Cholesterin (Chol), jeweils in Gramm, und die Vitamine B 1 und C sowie Calcium (Ca), Magnesium (Mg) und Eisen (Fe), jeweils in Milligramm.

Nährstoffzufuhrempfehlungen der Deutschen Gesellschaft für Ernährung (1991). Werte für Erwachsene

Calcium	800 — 1000 mg
Magnesium	300 — 350 mg
Eisen	10 — 15 mg
Vitamin B 1	1,1 — 1,4 mg
Vitamin C	75 mg
Ballaststoffe:	mindestens 30 g
Cholesterin:	weniger als 300 mg
Fett:	zirka 80 g bei 2400 kcal/ 10000 kJ

Vergleichen Sie selbst! Je höher der jeweilige Vitamin- und Mineralstoffgehalt eines Gerichtes, um so besser ist es zur Nährstoffversorgung geeignet. So wird Ihr Kochbuch der Internationalen Fitness-Küche zum Lehrbuch für fitnessbewußtes Genießen.

Abkürzungen: TL = Teelöffel
EL = Eßlöffel
Backofen: E = Elektroherd / G = Gasherd

Wir wünschen Ihnen nun viel Erfolg bei der Zubereitung, und lassen Sie sich stets Zeit zum bewußten Eßgenuß.

EUROPA

Köttbullar

Hackbällchen

kcal	kJ	E/g	F/g	KH/g	BS/g
287	1.200	32,0	12,0	6,0	1,0
Chol/g	Vit B 1/mg	Vit C/mg	Ca/mg	Mg/mg	Fe/mg
150,0	0,27	2,0	65	42	4,0

- Je 250 g Gehacktes vom Rind und Kalb
- 2 Scheiben altbackenes Vollkorn-Toastbrot
- 1 Zwiebel
- 2 EL frischer oder TK-Dill, feingeschnitten
- 1 Ei
- Vollmeersalz, Pfeffer
- Muskat, Paprika edelsüß
- 1 EL Butter oder Margarine
- 1/2 l Fleischbrühe
- 2—3 EL saure Sahne

Gehacktes mischen. Toastbrot in Wasser einweichen, gut ausdrücken, fein zerpflückt zum Fleisch geben. Sehr feingehackte Zwiebel, Dill und Ei unter das Fleisch mengen, mit Gewürzen pikant würzen.
Vom Fleischteig mit nassen Teelöffeln 2—3 cm große Bällchen abstechen, in heißer Butter ringsum braun anbraten. Die Bällchen danach in heiße Fleischbrühe geben und 8—10 Minuten bei milder Hitze garziehen lassen.
Die Brühe mit Sahne verfeinern und die Hackbällchen mit der Soße servieren.

Beilagen: Salzkartoffeln, grüne Bohnen und — ganz typisch — Preiselbeerkompott.

Tip: Serviert man die Bällchen kalt, folgenden Dip dazu reichen: 1 Becher (175 g) Naturjoghurt, 1 Becher (200 g) saure Sahne oder Crème fraîche mit 1 Bund feingeschnittenem Dill verrühren, mit 1 TL mildem Senf, 1 Prise Zucker, Salz und Pfeffer abschmecken.

Glasmästersill

Glasermeisterheringe

kcal	kJ	E/g	F/g	KH/g	BS/g
747	3.131	50,0	42,0	30,0	3,0
Chol/g	Vit B 1/mg	Vit C/mg	Ca/mg	Mg/mg	Fe/mg
231,0	0,16	12,0	258	167	5,0

- 4—6 Salzheringe
- Mineralwasser
- 2 rote Zwiebeln
- 2 Möhren
- 1 EL frischer Meerrettich, feingeschnitten
- 1 TL Senfkörner
- 5 Pfefferkörner
- 2 Lorbeerblätter
- 1 Stückchen Ingwer
- 1/4 l heller Weinessig
- 100 g Zucker

Salzheringe vom Fischhändler ausnehmen lassen, über Nacht in eine Mischung aus halb Mineralwasser und halb Wasser legen.
Anderntags Haut, Schwanz und Flossen entfernen, die Filets in 3 cm breite Stücke schneiden. Fischstücke mit Zwiebelringen, Möhrenscheiben und Gewürzen in einen Stein- oder Glastopf schichten. Essig mit Zucker aufkochen, nach dem Erkalten über die Heringe gießen. Den Topf gut verschließen und die Heringe 3—4 Tage im Kühlschrank durchziehen lassen.

Beilagen: frisch gekochte Pellkartoffeln oder herzhaftes Vollkornbrot mit Butter.

Chicorée Brüsseler Art

kcal	kJ	E/g	F/g	KH/g	BS/g	Chol/mg	Vit B 1/mg	Vit C/mg	Ca/mg	Mg/mg	Fe/mg
251	1.054	11,0	15,0	12,0	4,0	60,0	0,28	25,0	88	45	3,0

- 6 Stauden Chicorée
- 2 Zwiebeln
- 1 TL Butter oder Margarine
- je 1/8 l trockener Weißwein und Wasser
- 6 Scheiben gekochter Schinken
- 1 EL heller Soßenbinder
- 2 TL französischer Senf
- 100 g Crème fraîche
- 1 TL Zucker
- Salz, Pfeffer, Muskat
- 2 EL Petersilie, feingehackt

Chicoréestauden waschen, längs halbieren, das untere Ende keilförmig entfernen. Zwiebeln schälen, halbieren, in Streifen schneiden. Eine Kasserolle mit etwas Butter einfetten, Zwiebeln einstreuen, Chicorée nebeneinander hineinlegen. Mit Wein und Wasser aufgießen, ein Stück gefettetes Pergamentpapier darüberlegen und das Gemüse ca. 20 Minuten bißfest garen.
Danach die Stauden herausnehmen, mit je einer halben Scheibe Schinken umwickeln, warmstellen.
Gemüsesud mit Soßenbinder, Senf und Crème fraîche verrühren, aufkochen, mit Salz, Pfeffer, Muskat und Zucker pikant abschmecken. Die Soße über die angerichteten Chicoréestauden gießen, mit Petersilie bestreut servieren.

Beilagen: Salzkartoffeln und — wenn man nicht auf Cholesterin achten muß — pochierte Eier.

Tip: Auch lecker: den Senf weglassen, 75—100 g geriebenen Käse über die Chicoréestauden streuen und unter dem Grill goldgelb überbacken.

Roastbeef garniert

kcal	kJ	E/g	F/g	KH/g	BS/g	Chol/mg	Vit B 1/mg	Vit C/mg	Ca/mg	Mg/mg	Fe/mg
580	2.425	39,0	36,0	15,8	8,0	118,0	0,5	48,0	136	100	6,5

6 Portionen

1 kg Roastbeef
Vollmeersalz
schwarzer Pfeffer
2 Zwiebeln
1 EL Kokosfett
1 knappe Tasse Wasser
1/8 l Fleischbrühe
4 große feste Tomaten
2 TL Butter
600 g zarte grüne Bohnen
1 TL Butter oder Margarine
1 Zweig frisches oder
1 Msp. getrocknetes Bohnenkraut

Roastbeef kalt abspülen, trockentupfen, die Fettschicht in Abständen von 4 cm diagonal einritzen. Das Fleisch ringsum mit Salz und Pfeffer würzen.
Backofen (E.-Herd 220° C, G.-Herd Stufe 4) vorheizen. Kokosfett in der Bratpfanne erhitzen, das Roastbeef mit der Fettschicht nach unten hineinlegen und 35 Minuten braten. Nach 10 Minuten Bratzeit den Braten wenden, Zwiebelwürfel und Wasser zufügen. Fertigen Braten aus dem Ofen nehmen, in Alufolie einschlagen, 10 Minuten ruhen lassen, damit sich der Fleischsaft gleichmäßig verteilt.
Inzwischen den Bratfond mit Fleischbrühe loskochen, durchpassieren. Tomaten kreuzweise einschneiden, mit Salz und Butterflöckchen belegen, 5 Minuten unter dem heißen Grill garen. Bohnen putzen, Enden abknipsen, in wenig Wasser, dem Butter und Bohnenkraut zugefügt wird, knackig garen. Das Roastbeef in dünne Scheiben schneiden und mit Fleischsaft beträufeln. Grilltomaten und Bohnen dazu reichen.

Tip: Ein perfekt gebratenes Roastbeef soll innen rosarot sein und einen fingerbreiten braunen Rand haben. Dies ist bei einem 1000 g schweren Stück nach 35 Minuten der Fall. Für jede weiteren 100 g rechnet man 1 bis 1 1/2 Minuten mehr Bratzeit.

75 cl

Irish Stew

Kartoffel-Lamm-Eintopf

kcal	kJ	E/g	F/g	KH/g	BS/g
411	1.723	32,0	9,0	42,0	10,0
Chol/g	Vit B 1/mg	Vit C/mg	Ca/mg	Mg/mg	Fe/mg
88,0	0,49	45,0	120	104	5,0

- 500 g mageres Lamm- oder sehr mageres Hammelfleisch
- 750 g Kartoffeln
- 400 g Zwiebeln
- 2 große Karotten
- Vollmeersalz, Pfeffer
- 1 TL gerebelter Thymian
- 1 Lorbeerblatt
- 1/2 l Fleischbrühe
- 2 EL Petersilie, gehackt

Das Fleisch kalt abspülen, trockentupfen und in 3 cm große Würfel schneiden, dabei anhaftende Fett- und Sehnenstränge wegschneiden. Kartoffeln, Zwiebeln und Karotten schälen, in Scheiben schneiden. In eine feuerfeste Form lagenweise Kartoffeln, Fleisch, Zwiebeln und Möhren einschichten, jede Lage würzen. Die unterste und oberste Schicht soll aus Kartoffeln bestehen.
Lorbeerblatt zugeben und Fleischbrühe darübergießen. Deckel auflegen und den Eintopf im Backofen (E.: 175° C, G.: 2) 1 1/2 Stunden garen.
Vor dem Servieren mit gehackter Petersilie bestreuen.

Ratatouille

Provenzalisches Gemüse

kcal	kJ	E/g	F/g	KH/g	BS/g
303	1.261	12,0	10,0	36,0	17,0
Chol/g	Vit B 1/mg	Vit C/mg	Ca/mg	Mg/mg	Fe/mg
—	0,53	309,0	183	148	7,0

- 500 g Fleischtomaten
- 1 Aubergine
- je 1 rote, grüne und gelbe Paprikaschote
- 4 kleine Zucchini
- 1 große Gemüsezwiebel
- 2 Knoblauchzehen
- 2 EL kaltgepreßtes Olivenöl
- je 1/2 TL frischer oder getrockneter Thymian, Rosmarin und Basilikum
- Vollmeersalz, Pfeffer

Tomaten kurz in heißes Wasser legen und häuten. Stengelansätze herausschneiden, Tomaten halbieren, durch leichtes Ausdrücken entkernen.
Aubergine und entkernte Paprikaschoten grob würfeln, Zucchinis in Scheiben schneiden. Zwiebel und Knoblauch hacken.
Olivenöl erhitzen, Zwiebel und Knoblauch darin glasig dünsten. Auberginen- und Paprikawürfel zufügen, leicht anbraten. Dann Zucchinis, Tomaten und Gewürze hineingeben und das Gemüse bei mäßiger Hitze 15 Min. garen. Anschließend nochmals abschmecken und — wenn vorhanden — mit frischem Thymiansträußchen belegt servieren.
Ratatouille schmeckt warm oder kalt.

Beilage: knuspriges Baguette oder körniger Reis.

Variante: Die fertige Ratatouille in eine feuerfeste Form füllen, mit geriebenem Käse bestreuen und unter dem Grill goldbraun überbacken.

Eventuell mit einer kleingeschnittenen Chilischote feurig würzen.

Soupe au pistou

Gemüsesuppe mit Basilikumsoße

kcal	kJ	E/g	F/g	KH/g	BS/g	Chol/mg	Vit B 1/mg	Vit C/mg	Ca/mg	Mg/mg	Fe/mg
455	1.902	16,0	25,0	37,0	18,0	–	0,36	53,0	261	145	8,0

Suppe:

150 g getrocknete Cannellini-Bohnen (kleine weiße Bohnen)
4 Salbeiblätter
1 Lorbeerblatt
2 Möhren
1 Zucchini
100 g grüne Bohnen
1 Stange Bleichsellerie
2 Tomaten
1 Zwiebel
2 EL kaltgepreßtes Olivenöl
1 Zweig frischer oder 1/3 TL getrockneter Thymian
1 1/2 l Fleisch- oder Gemüsebrühe
Vollmeersalz, Pfeffer

Basilikumsoße:

4 Knoblauchzehen
1 großer Bund frisches Basilikum
4 EL kaltgepreßtes Olivenöl

Suppe: Cannellini-Bohnen über Nacht in Wasser einweichen. Anderntags im Einweichwasser mit Salbei- und Lorbeerblättern bei mittlerer Hitze ca. 45 Min. weichkochen. Bohnen abgießen, Gewürzblätter entfernen.
Möhren schaben, mit der gewaschenen Zucchini fein würfeln. Bohnen in kleine Stücke brechen, Bleichsellerie in dünne Scheiben schneiden. Tomaten häuten, grob hacken.
Gewürfelte Zwiebel in Öl glasig schwitzen, Möhren, Zucchini, Bohnen, Bleichsellerie und Thymian zufügen. Mit Fleischbrühe auffüllen und alles bei mittlerer Hitze 20 Minuten köcheln lassen. Danach Bohnenkerne und Tomaten zufügen, mit Salz und Pfeffer abschmecken und die Suppe noch 10 Minuten garen.

Basilikumsoße: Knoblauch schälen, Basilikum waschen, trockenschütteln, Blätter von den Stielen zupfen. Knoblauch und Basilikumblätter mit Öl im Mixer oder Mörser zu einer cremigen Soße pürieren.
Gemüsesuppe in vorgewärmten Tellern anrichten und je einen Klecks Basilikumsoße obenaufgeben.

Beigabe: herzhaftes Landbrot oder Baguette.

Boeuf bourguignon

Rindfleisch auf Burgunder Art

kcal	kJ	E/g	F/g	KH/g	BS/g	Chol/mg	Vit B 1/mg	Vit C/mg	Ca/mg	Mg/mg	Fe/mg
393	1.644	37,0	17,0	10,0	6,0	90,0	0,42	19,0	133	66	6,0

- 600 g mageres Rindfleisch
- 2 Zwiebeln
- 2 Karotten
- 3 Stangen Staudensellerie
- 2 EL Sonnenblumenöl
- Vollmeersalz, Pfeffer
- 1 Knoblauchzehe
- 1 TL Mehl
- 1 Kräutersträußchen (2 Zweiglein Thymian, 3 Petersilienstengel, 1 Lorbeerblatt)
- je 1 Tasse Fleischbrühe und Rotwein
- 150 g frische Champignons
- 2 EL Petersilie, gehackt

Das Rindfleisch in große Würfel schneiden. Gemüse schälen, Zwiebeln in Achtel, Karotten und Sellerie in Scheiben schneiden.
Das Fleisch in Öl ringsum braun anbraten, Gemüsewürfel zugeben, 5 Minuten mitbraten. Mit Salz, Pfeffer und zerdrückter Knoblauchzehe würzen, mit wenig Mehl bestäuben. Das Ganze noch kurz durchbraten, mit Fleischbrühe und Rotwein ablöschen. Kräutersträußchen obenauflegen und das Ragout im geschlossenen Topf bei milder Hitze 1 1/2—2 Stunden schmoren lassen. Bei Bedarf zwischendurch etwas Wasser oder Brühe nachgießen.
Inzwischen Champignons putzen, in grobe Scheiben schneiden. Pilze 20 Minuten vor Ende der Garzeit zugeben. Zuletzt die Soße nochmals abschmecken, Kräuterbündel herausnehmen und das Rindergulasch mit Petersilie bestreut zu Tisch bringen.

Beilage: Pellkartoffeln.

Frischer Stangenspargel mit Beilagen

kcal	kJ	E/g	F/g	KH/g	BS/g	Chol/mg	Vit B 1/mg	Vit C/mg	Ca/mg	Mg/mg	Fe/mg
595	2.490	32,0	29,0	44,0	10,0	123,0	0,88	109,0	135	151	8,0

Spargel:

1 kg weißer Stangenspargel
500 g grüner Stangenspargel
Vollmeersalz
je 1 Prise Zucker und Salz

Kartoffeln:

800 g kleine neue Kartoffeln
1 TL Kümmel

Außerdem:

je 4 Scheiben gekochter und roher Schinken
80—100 g Butter

Spargel: Weißen Spargel ab 4 cm unterhalb der Köpfe, von den grünen Stangen nur das untere Drittel schälen. Enden abschneiden. Spargelstangen portionsweise mit Küchengarn zusammenbinden. Wasser mit Zucker und Salz aufkochen, weißen Spargel 15—20 Minuten, grünen Spargel 12—15 Minuten garen.
Butter zerlassen.

Kartoffeln: Neue Kartoffeln gründlich unter Wasser bürsten, in Wasser mit Kümmel und Salz 12—15 Minuten kochen. Danach pellen.
Abgetropfte Spargelstangen mit Kartoffeln auf vorgewärmten Tellern anrichten. Zerlassene Butter und Schinken separat dazu reichen.

Anmerkung: Die Beilagen sind bei den Nährwerten mitberechnet.

Tip: Weniger fett, aber genau so lecker schmeckt anstelle von Schinken und Butter dazu die folgende Sherry-Vinaigrette.

Sherry-Vinaigrette: 2 Schalotten sehr fein würfeln. 1 kleinen Bund frische Kräuter (nur eine Sorte oder gemischt z. B. Schnittlauch, Kerbel, Estragon) feinhacken.
2 EL Rotweinessig, 2 cl trockenen Sherry, 1/2 TL Zucker, Salz und weißen Pfeffer kräftig verrühren, 6 EL kaltgepreßtes Sonnenblumenöl unterschlagen. Schalotten und Kräuter unterziehen.

Frankfurter grüne Soße

kcal	kJ	E/g	F/g	KH/g	BS/g
302	1.265	12,0	24,0	7,0	2,0
Chol/g	Vit B 1/mg	Vit C/mg	Ca/mg	Mg/mg	Fe/mg
163,0	0,15	12,0	220	52	4,0

100 g frische Kräuter (z. B. Kerbel, Dill, Estragon, Zitronenmelisse, Liebstöckel, Borretsch, Pimpernelle, Sauerampfer, Petersilie, Schnittlauch)

3 hartgekochte Eier

100 g Vollmilch-Joghurt

1 kleine Zwiebel

1 TL milder Senf

Kräutersalz, Pfeffer

1 EL heller Weinessig

4 EL kaltgepreßtes Sonnenblumenöl

Kräuter waschen, trockenschleudern und Blättchen von den Stielen zupfen. Kräuter, gepellte Eier, Joghurt und geschälte Zwiebel im Mixer pürieren, Gewürze und Essig unterrühren. Zuletzt eßlöffelweise bei Stufe 1 das Öl einfließen lassen, bis die Soße cremig ist.

Beigabe: zu frischen Pellkartoffeln, gedünstetem Gemüse oder gekochtem Rindfleisch.

Tip: Im Originalrezept darf die klassische grüne Soße nur sieben Kräuter enthalten. Wir finden jedoch, je mehr, desto besser!

Wiener Tafelspitz mit Apfelkren

Tafelspitz mit Apfel-Meerrettich

Tafelspitz:

kcal	kJ	E/g	F/g	KH/g	BS/g
365	1.528	47,0	11,0	11,0	8,0
Chol/g	Vit B 1/mg	Vit C/mg	Ca/mg	Mg/mg	Fe/mg
113,0	0,54	75,0	166	78	7,0

- 750 g Rindfleisch aus der Unterschale oder von der Hüfte
- Vollmeersalz
- 1 Zwiebel, mit 1 Lorbeerblatt und Nelken besteckt
- 2 Stangen Lauch
- 2 Möhren
- 1 kleine Sellerieknolle
- 1 kleiner Wirsingkohl

Apfelkren:

kcal	kJ	E/g	F/g	KH/g	BS/g
52	220	0,8	0,3	11,0	3,0
Chol/g	Vit B 1/mg	Vit C/mg	Ca/mg	Mg/mg	Fe/mg
—	0,05	29,0	26	10	0,6

- 2 Äpfel
- Saft von 1/2 Zitrone
- 2—3 EL Meerrettich, frisch gerieben
- etwas Zucker

Tafelspitz: 2 l Wasser zum Kochen bringen, gewaschenes Fleisch, Salz und gespickte Zwiebel hineinlegen und bei milder Hitze gut 1 1/2 Stunden köcheln lassen, zwischendurch mehrmals abschäumen.
Inzwischen Lauch putzen, längs und quer halbieren. Möhren und Sellerie schälen, halbieren bzw. vierteln. Den Wirsing ebenfalls putzen, waschen, achteln. Vorbereitetes Gemüse zum Fleisch geben, alles zusammen noch 20—30 Minuten garen.

Apfelkren: Äpfel schälen, entkernen und fein reiben. Die übrigen Zutaten sofort zufügen und mit Zucker abschmecken.
Das Fleisch aus der Brühe nehmen, in Scheiben schneiden, mit dem Gemüse zusammen auf einer vorgewärmten Platte anrichten und mit etwas Brühe übergossen servieren.
Apfelkren gesondert dazu reichen.

Sarma
Krautwickel

kcal	kJ	E/g	F/g	KH/g	BS/g	Chol/mg	Vit B 1/mg	Vit C/mg	Ca/mg	Mg/mg	Fe/mg
600	2.519	28,0	34,0	32,0	14,0	96,0	0,36	201	290	140	6,0

1 großer Weißkohl
Vollmeersalz
3 Zwiebeln
375 g Rinderhack
150 g Langkornreis, gegart
Pfeffer, Muskat
2 Zweiglein frischer oder 1/2 TL getrockneter Majoran
50 g Butter oder Margarine
100 g Tomatenmark
1/8 l trockener Weißwein
500 g Sauerkraut
1 kräftige Prise Cayennepfeffer

Weißkohl in reichlich Wasser mit Salz 10 Minuten kochen lassen, herausnehmen, die äußeren 8—10 großen Blätter ablösen.
Zwiebeln schälen und hacken. Rinderhack mit einem Drittel der Zwiebeln und Reis verkneten, mit Salz, Pfeffer, Muskat und kleingeschnittenem Majoran würzen.
Kohlblätter ausbreiten und mit der Hackfleischmasse bestreichen. Die Ränder einschlagen, zusammenrollen.
Übrige Zwiebeln in Butter in einer breiten, feuerfesten Form gelb schwitzen, Tomatenmark, Weißwein und 1 Tasse Wasser zugießen. Grobzerpflücktes Sauerkraut unterrühren, mit Cayennepfeffer feurig abschmecken. Krautwickel darauflegen, mit Speckscheiben belegen und im Backofen (E.: 180° C, G.: 2) etwa 1 1/2 Stunden schmoren lassen.

Beilage: herzhaftes Bauernbrot.

Tip: Aus dem übrigen Weißkohl einen **knackigen Salat** bereiten: Kraut fein raspeln, mit Apfel- oder Ananasstückchen mischen, mit Zitronensaft, Honig, Öl, Joghurt und Kräutersalz anmachen.

Anmerkung: Wer auf Fett und Cholesterin besonders achten muß, verzichtet besser auf die in Butter angebratenen Zwiebeln.

Lecsó

Paprika-Tomaten-Gemüse

kcal	kJ	E/g	F/g	KH/g	BS/g
236	985	9,0	9,0	26,0	13,0
Chol/g	Vit B 1/mg	Vit C/mg	Ca/mg	Mg/mg	Fe/mg
—	0,39	322,0	96	101	4,4

- 750 g grüne Paprikaschoten
- 500 g reife Tomaten
- 1 große Zwiebel
- 2 EL kaltgepreßtes Sonnenblumenöl
- 2 TL Edelsüß-Paprika
- Kräutersalz, schwarzer Pfeffer
- 1 EL Selleriekraut oder Petersilie, feingehackt

Paprikaschoten waschen, halbieren, von Kernen und weißen Bindehäuten befreien. Paprika grob würfeln. Tomaten häuten und vierteln. Geschälte, grobgehackte Zwiebel in Öl glasig dünsten, Paprikastücke zugeben, unter Rühren 5 Minuten dünsten. Tomatenviertel, Paprikapulver, Salz und Pfeffer zufügen und das Gemüse zugedeckt bei milder Hitze 20 Minuten garen. Zwischendurch mehrmals vorsichtig umrühren. Mit Selleriekraut oder Petersilie bestreut servieren.

Beilage: körnig gekochter Reis.

Kascha

Buchweizen mit Gemüse

kcal	kJ	E/g	F/g	KH/g	BS/g
194	811	7,0	7,0	25,0	6,0
Chol/g	Vit B 1/mg	Vit C/mg	Ca/mg	Mg/mg	Fe/mg
1,0	0,23	22,0	93	44	2,0

- 100 g Buchweizen
- knapp 1/4 l Gemüsebrühe
- 250 g frische Champignons
- 2 Karotten
- 1 Bund Frühlingszwiebeln
- 30 g Butter oder Margarine
- Kräutersalz, schwarzer Pfeffer
- Dill, gehackt

Buchweizen in trockener Pfanne unter Rühren so lange erhitzen, bis er leicht gebräunt ist. Danach abkühlen lassen. Gemüsebrühe aufkochen, Buchweizen einstreuen, bei milder Hitze zugedeckt 30—40 Minuten quellen lassen.
Inzwischen Gemüse putzen, Champignons in Scheiben, Karotten in dünne Stifte, Zwiebeln in Ringe schneiden. Gemüse unter Rühren in Butter 10—12 Minuten bißfest garen, unter den fertigen Buchweizen mischen. Mit Salz und Pfeffer würzen und mit reichlich Dill bestreut zu Tisch bringen.

Beilage: grüner Salat mit Joghurtdressing.

Borschtsch

Rote Bete-Eintopf

kcal	kJ	E/g	F/g	KH/g	BS/g	Chol/mg	Vit B 1/mg	Vit C/mg	Ca/mg	Mg/mg	Fe/mg
362	1.512	28,0	11,0	31,0	11,0	73,0	0,45	86,0	132	100	5,0

375 g Rindfleisch (z. B. Wade)
etwas Suppengrün
Vollmeersalz
2 große rote Bete
1–2 große Kartoffeln
1 große Möhre
1 große Zwiebel
1 Stück (ca. 250 g) Weißkohl
1 EL Butter oder Margarine
je 1 EL Essig und Zucker
1 Lorbeerblatt
1–2 große Tomaten
schwarzer Pfeffer
4 TL saure Sahne
Petersilie, gehackt

Rindfleisch in 1 1/2 l Wasser mit zerkleinertem Suppengrün und Salz ca. 1 1/2 Stunden köcheln lassen, zwischendurch mehrmals abschäumen.

Rote Bete, Kartoffeln, Möhre und Zwiebel schälen, in 2 cm große Würfel schneiden. Weißkohl putzen, fein raspeln. Zerkleinertes Gemüse in Fett kurz andünsten, 1/4 l Brühe (vom Fleisch) zugießen, 10 Minuten bei schwacher Hitze kochen lassen. Danach Essig, Zucker und Lorbeerblatt zufügen, mit übriger Brühe auffüllen, insgesamt noch 20 Minuten garen.

Tomaten häuten und ebenso wie das Fleisch in kleine Würfel schneiden. 5 Minuten vor Ende der Garzeit zum Eintopf geben, diesen mit Salz und Pfeffer würzen.

Den Borschtsch in vorgewärmte Teller füllen, mit je einem Klecks saurer Sahne und Petersilie bestreut servieren.

Sis cevap
Hammel-Gemüse-Spieße

kcal	kJ	E/g	F/g	KH/g	BS/g	Chol/mg	Vit B 1/mg	Vit C/mg	Ca/mg	Mg/mg	Fe/mg
415	1.736	36,0	19,0	18,0	8,0	105,0	0,51	174,0	81	97	5,0

mit Joghurtsoße

kcal	kJ	E/g	F/g	KH/g	BS/g	Chol/mg	Vit B 1/mg	Vit C/mg	Ca/mg	Mg/mg	Fe/mg
68	283	3,0	3,0	5,0	1,0	9,0	0,04	3,0	97	15	0,5

Spieße:

600 g mageres Hammelfleisch
2 grüne Paprikaschoten
2 Zwiebeln
1 Aubergine
2 EL kaltgepreßtes Öl
Saft einer Zitrone
1 EL Edelsüß-Paprika
je 1 TL Vollmeersalz und Pfeffer
4 kleine Tomaten (am besten die ovalen Eiertomaten)

Joghurtsoße:

300 g Vollmilch-Joghurt
1 TL Edelsüß-Paprika
Vollmeersalz, weißer Pfeffer
1 rote Peperonischote

Spieße: Hammelfleisch in 5 cm große Würfel schneiden. Paprika entkernen, Zwiebeln schälen.
Paprika in große Stücke, Zwiebeln in Viertel, Aubergine in halbe Scheiben schneiden. Öl, Zitronensaft, Paprika, Salz und Pfeffer verrühren, Fleisch und Gemüsewürfel 3—4 Stunden damit marinieren. Tomaten halbieren. Abgetropfte Fleisch- und Gemüsewürfel mit den Tomaten abwechselnd auf vier lange Metall- oder Holzspieße stecken. Spieße unter dem vorgeheizten Grill in 20 Minuten rösten, dabei mehrmals wenden und erneut mit der Marinade bepinseln.

Joghurtsoße: Joghurt mit Paprika, Salz und Pfeffer verrühren, mit entkernter, in Ringe geschnittener Peperonischote bestreuen und zum Fleisch servieren.

Beilage: feingehackte rohe Zwiebeln sowie Brot oder Reis.

Minestrone

Gemüse-Nudel-Suppe

kcal	kJ	E/g	F/g	KH/g	BS/g
304	1.274	15,0	17,0	21,0	7,0
Chol/g	Vit B 1/mg	Vit C/mg	Ca/mg	Mg/mg	Fe/mg
17,0	0,38	125,0	277	69	3,0

1 Zwiebel

1 Knoblauchzehe

800 g frisches Gemüse je nach Saison und Marktangebot (z. B. Möhren, Kohlrabi, Sellerie, Fenchel, Blumenkohl, grüne Bohnen, grüne Erbsen)

2 EL kaltgepreßtes Olivenöl

50 g durchwachsener Speck

1 1/2 l Fleischbrühe

2 EL Tomatenmark

1 kleines Lorbeerblatt

1 TL frischer oder getrockneter Thymian

1 Tasse kleine Nudeln, gegart

50 g Parmesankäse, gerieben

Zwiebel und Knoblauch schälen, fein hacken. Saisongemüse putzen, waschen und in 1 cm große Würfel bzw. Streifen oder Stücke schneiden.
Öl erhitzen, streifig geschnittenen Speck, Zwiebel und Knoblauch darin gelb anschwitzen. Gemüse zufügen, unter Rühren 5 Minuten braten. Dann mit Fleischbrühe, mit Tomatenmark verrührt, Lorbeerblatt und Thymian auffüllen. Alles zugedeckt bei mittlerer Hitze 10 Minuten kochen lassen. Zuletzt die Nudeln darin erwärmen. Die Suppe mit Salz und Pfeffer abschmecken und mit Parmesankäse bestreut zu Tisch bringen.

Saltimbocca

Kalbsschnitzel mit Salbei

kcal	kJ	E/g	F/g	KH/g	BS/g
338	1.412	32,0	17,0	5,0	1,0
Chol/g	Vit B 1/mg	Vit C/mg	Ca/mg	Mg/mg	Fe/mg
110,0	0,25	3,0	107	52	5,0

8 dünne Kalbsschnitzel von je ca. 60 g

Vollmeersalz, weißer Pfeffer

Saft einer Zitrone

8 frische Salbeiblätter

8 dünne Scheiben Parmaschinken

2 EL kaltgepreßtes Sonnenblumenöl

1 EL Butter

1 TL Mehl

1/8 l trockener Weißwein oder Marsala

Kalbsschnitzel mit dem Handrücken flachdrücken, mit wenig Salz, Pfeffer und Zitronensaft einreiben. Salbeiblätter waschen, trockentupfen, auf die Schnitzel legen. Je eine Scheibe Schinken darauflegen, mit Zahnstochern feststecken.
Öl erhitzen, Butter darin schmelzen. Schnitzel darin von jeder Seite 2 Minuten braten. Herausnehmen und warm stellen.
Mehl in den Bratfond streuen, 1 Minute durchschwitzen lassen, mit Weißwein ablöschen. Die Soße über die angerichteten Schnitzel träufeln.

Beilage: gedünsteter Blattspinat, mit Käse bestreut.

Paella

Bunte Reispfanne

kcal	kJ	E/g	F/g	KH/g	BS/g	Chol/mg	Vit B 1/mg	Vit C/mg	Ca/mg	Mg/mg	Fe/mg
679	2.834	46,7	30,6	35,3	8,7	197,0	0,5	106,0	137	161	7,0

6 Portionen

1 frisches Brathähnchen
Salz, Edelsüß-Paprika
1 große Zwiebel
2 Knoblauchzehen
2 Zucchini
1 Paprikaschote
4 EL kaltgepreßtes Olivenöl
200 g Rotbarschfilet
2 Tassen Langkornreis
4 Tassen Hühnerbrühe
2 Kapseln Safran
200 g grüne Bohnen
2 Fleischtomaten
100 g grüne Erbsen
1 Tasse Weißwein
Vollmeersalz, Pfeffer

Das Hähnchen in 8 Stücke zerteilen, mit Salz und Paprika würzen. Zwiebel und Knoblauch schälen und hacken. Zucchini in Scheiben, entkernte Paprika in Streifen schneiden.

Öl in einer tiefen, feuerfesten Form erhitzen. Hähnchenteile darin ringsum braun anbraten, herausnehmen. Fischfilet in 4 cm große Würfel schneiden, 2—3 Minuten anbraten und herausnehmen. Zwiebeln, Knoblauch, Zucchini und Paprika ins Bratfett geben, glasig dünsten. Reis unterrühren. Heiße Hühnerbrühe, mit Safran verrührt, zugießen. Hähnchenteile, geputzte grüne Bohnen, gehäutete, in Stücke geschnittene Tomaten und Erbsen dekorativ darauf verteilen. Das Reisgericht im Backofen (E.: 180° C, G.: 2) gut 1 Stunde garen, dabei nicht umrühren, sondern die Pfanne nur ab und zu leicht rütteln.

Das Reisgericht, falls nötig, mit Salz und Pfeffer nachwürzen. In der Pfanne servieren.

Variante: Wer nicht auf Cholesterin achten muß, gönnt sich eine **Paella Valenciana.** 200 g Miesmuscheln in Weißwein garen, bis sich alle Muscheln geöffnet haben. 4 große Garnelen 5 Minuten in Wasser kochen, längs halbieren und die Paella damit garnieren.

Gazpacho

Kalte Gemüsesuppe

kcal	kJ	E/g	F/g	KH/g	BS/g	Chol/mg	Vit B 1/mg	Vit C/mg	Ca/mg	Mg/mg	Fe/mg
331	1.385	12,0	15,0	31,0	11,0	55,0	0,38	140,0	126	103	4,7

- 500 g Fleischtomaten
- 1 Salatgurke
- 1 Paprikaschote
- 2 Zwiebeln
- 2 Knoblauchzehen
- 3 Scheiben Toastbrot
- 8 Blätter glatte Petersilie
- 3 Zweiglein frisches Basilikum
- 3 EL Weinessig
- 1 EL Tomatenmark
- 3 EL kaltgepreßtes Olivenöl
- Vollmeersalz, Pfeffer
- 1 Ei, hartgekocht

Tomaten häuten, grob zerkleinern. Salatgurke schälen, 2/3 grob, 1/3 davon sehr fein würfeln. Paprika entkernen, die Hälfte ebenfalls grob, die andere Hälfte fein würfeln. Zwiebeln und Knoblauch schälen, 1 Zwiebel sehr fein hacken. 2 Scheiben Toastbrot entrinden. Tomaten, grobe Gurken- und Paprikawürfel, Zwiebel, Knoblauch und Toastbrot in den Mixer geben. Kräuterblättchen, Essig, Tomatenmark und Öl zufügen, alles glatt pürieren. Die Suppe salzen und pfeffern. Kleine Gurken-, Paprika-, Zwiebel-, getoastete Brotwürfelchen und gehacktes Ei (Weiß und Gelb getrennt) in Schälchen füllen.
Die Suppe in eine Terrine füllen, einige Eiswürfel hineingeben. Bei Tisch bedient sich jeder von der Suppe und streut von den bereitgestellten Beilagen nach Belieben darüber.

Dolmades

Gefüllte Weinblätter

kcal	kJ	E/g	F/g	KH/g	BS/g	Chol/mg	Vit B 1/mg	Vit C/mg	Ca/mg	Mg/mg	Fe/mg
311	1.301	15,0	10,0	35,0	3,0	39,0	0,17	27,0	54	40	2,0

200 g Weinblätter (frisch oder in Lake)
2 Zwiebeln
1 EL kaltgepreßtes Olivenöl
1 Tasse Langkornreis, gegart
200 g mageres Lamm- oder Rinderhack
je 2 EL Dill und Pfefferminzblätter, gehackt
1/2 TL abgeriebene, unbehandelte Zitronenschale
1 TL Zucker
Vollmeersalz, Pfeffer
je 1/8 l Fleischbrühe und Wasser
Saft von 2 Zitronen
1 EL Butter

Frische Weinblätter von den groben Stielen befreien, waschen, 10 Minuten in Salzwasser kochen lassen. Eingelegte Weinblätter kurz unter heißem Wasser abspülen.
Zwiebeln hacken, in Öl glasig dünsten. Mit Reis, Hack, Kräutern und Gewürzen mischen.
Abgetropfte Weinblätter nebeneinander ausbreiten, mit je 1 Eßlöffel der Masse füllen, fest zusammenrollen.
In einem breiten Topf Brühe, Wasser, Zitronensaft und Butter aufkochen. Röllchen nebeneinander hineinlegen, mit einem passenden Teller beschweren, zugedeckt bei milder Hitze 30—40 Minuten garen. Warm oder kalt servieren.

Beilage: Fladenbrot und Tzatziki (Rezept siehe Seite 32) oder — sehr fein — mit folgender **Zitronensoße** übergießen: 2 Eiweiß steifschlagen, 2 Eigelbe, Saft von 1 Zitrone und 1 EL geschmolzene Butter unterziehen.

Tzatziki

Gurken-Joghurt-Dip

kcal	kJ	E/g	F/g	KH/g	BS/g
234	979	10,0	18,0	6,0	1,0
Chol/g	Vit B 1/mg	Vit C/mg	Ca/mg	Mg/mg	Fe/mg
48,0	0,09	11,0	128	23	1,0

- 1 Salatgurke
- 1 TL Vollmeersalz
- 250 g Sahnequark
- 1 Becher (200 g) Vollmilchjoghurt
- 2 EL kaltgepreßtes Olivenöl
- 2—3 Knoblauchzehen
- 5—6 frische Minzeblätter
- Vollmeersalz, weißer Pfeffer

Salatgurke schälen, eventuell entkernen, fein raspeln. Mit Salz vermischen, 10 Min. durchziehen lassen. Quark, Joghurt und Öl cremig verrühren. Geschälte Knoblauchzehen durch die Presse in die Quarkmasse drücken. Gurkenraspel gut ausdrücken und unterrühren. Den Dip mit feingehackter Minze, Salz und Pfeffer würzig abschmecken.
Vor dem Servieren einige Stunden im Kühlschrank durchziehen lassen.

Beigabe: zu Reis, Gegrilltem, Gemüse, aber auch pur mit Weißbrot.
Ideal als **Dip** für vorbereitete rohe Gemüsestücke (siehe Farbbild mit Tzatziki, unten rechts).

Choriatiki

Bauernsalat

kcal	kJ	E/g	F/g	KH/g	BS/g
401	1.676	14,0	28,0	18,0	8,0
Chol/g	Vit B 1/mg	Vit C/mg	Ca/mg	Mg/mg	Fe/mg
30,0	0,27	121,0	338	88	4,0

4 reife Tomaten
1 grüne Paprikaschote
1 Salatgurke
4 EL kaltgepreßtes Olivenöl
2 EL Weinessig
1 kleine Prise Vollmeersalz
Pfeffer
1 rote Zwiebel
200 g Fetakäse (griechischer Schafkäse)
einige schwarze Oliven

Tomaten waschen, achteln. Paprikaschote entkernen, in Streifen schneiden. Salatgurke, falls notwendig, schälen, längs halbieren, in 2 cm breite Scheiben schneiden. Öl, Essig, Salz und Pfeffer verrühren, über den angerichteten Salat träufeln. Zuletzt dünne Zwiebelringe, grob zerbröckelten Fetakäse und Oliven darüberstreuen.

Beigabe: knuspriges Brot oder — üppiger — gegrillter Fisch oder Fleisch.

Rotbarben in Folie

kcal	kJ	E/g	F/g	KH/g	BS/g
557	2.327	43,0	38,0	1,0	—
Chol/g	Vit B 1/mg	Vit C/mg	Ca/mg	Mg/mg	Fe/mg
110,0	0,17	7,0	45	56	2,0

4 frische Rotbarben
4 EL kaltgepreßtes Olivenöl
Saft von 1 Zitrone
Vollmeersalz, Pfeffer
2 Bund blühendes Fenchel- oder Dillkraut

Rotbarben vom Fischhändler ausnehmen lassen, unter fließendem Wasser innen und außen gründlich abspülen.
2 Eßlöffel Öl mit Zitronensaft, Salz und Pfeffer verrühren, Fische innen und außen damit bestreichen. In jeden Fischbauch 1—2 Zweiglein Fenchel- oder Dillkraut legen.
Je ein großes Stück Alufolie einölen, Fenchelkraut darauflegen. Einen Fisch daraufgeben, mit etwas Öl beträufeln und die Folie gut verschließen.
Fertige Alupäckchen auf ein Backblech legen und die Fische im Backofen (E.: 200° C, G.: 3) 15—20 Minuten garen.
Danach auf Teller legen, Alufolie öffnen, sofort servieren.

Beilagen: Weißbrot und/oder Gurken-Tomaten-Salat.

12 % vol.

Imam bayildi

Gebackene Auberginen

kcal	kJ	E/g	F/g	KH/g	BS/g	Chol/mg	Vit B 1/mg	Vit C/mg	Ca/mg	Mg/mg	Fe/mg
263	1.097	8,0	14,0	22,0	9,0	1,0	0,29	50	112	78	4,0

- 4 mittelgroße Auberginen
- 1 TL Vollmeersalz
- 3 Zwiebeln
- 3 Fleischtomaten
- 2—3 Knoblauchzehen
- 3 EL kaltgepreßtes Olivenöl
- 1 Lorbeerblatt
- 2 Nelken
- je 1 TL frischer oder getrockneter Thymian und Majoran, gerebelt
- 1 Prise Zucker, Pfeffer
- 2 Sardellenfilets, gehackt
- 2 EL Petersilie, gehackt
- 6—8 schwarze Oliven, gehackt

Die Enden von den Auberginen abschneiden, die Früchte längs halbieren und bis auf einen 2 cm dicken Rand aushöhlen. Innen salzen, 15 Minuten stehen lassen.

Inzwischen Zwiebeln in feine Streifen schneiden. Tomaten häuten, fein würfeln. Knoblauch zerquetschen. Das Fruchtfleisch von den Auberginen in 1 cm große Würfel schneiden.

Zwiebelstreifen in Öl glasig dünsten, Tomaten, Knoblauch und Auberginenfleisch zufügen, 5 Minuten mitbraten. Dann Kräuter und Gewürze zugeben und alles noch 10 Minuten zugedeckt bei milder Hitze garen.

Auberginenhälften mit Küchenkrepp trokkentupfen und mit der Höhlung nach oben in eine feuerfeste Form geben.

Die Zwiebel-Tomaten-Masse in die Auberginen füllen, 1/2 Tasse Wasser zugießen und alles im Backofen (E.: 180 °C, G.: 2) in 30 Minuten garen. Auberginen mit Sardellenfilets, Petersilie und Oliven bestreut servieren.

Beilagen: Weißbrot oder Kartoffeln sowie cremiger Joghurt, mit Salz und Pfeffer gewürzt.

Afrika

Couscous

Weizengrieß mit Lamm und Gemüse

kcal	kJ	E/g	F/g	KH/g	BS/g	Chol/mg	Vit B 1/mg	Vit C/mg	Ca/mg	Mg/mg	Fe/mg
1.038	4.343	55,0	25,0	133,0	25,0	88,0	1,0	106,0	264	258	11,0

- 400 g Weizengrieß (spezieller Couscous-Grieß)
- 1/4 l Wasser, mit 1 TL Vollmeersalz verrührt
- 2 Gemüsezwiebeln
- 2 Möhren
- 2 Zucchini
- 1 Aubergine oder 250 g Kürbis
- 250 g Kartoffeln
- 3 Fleischtomaten
- 1 kleine Dose (580 g) Kichererbsen
- 500 g mageres Lammfleisch
- 3 EL gutes Pflanzenöl
- 4 TL Harissa (Paste aus Cayennepfefferschoten)
- 1 Löffelspitze Piment
- Vollmeersalz, schwarzer Pfeffer

Weizengrieß in eine große Schüssel füllen, Salzwasser zugießen, den Grieß zwischen den Handflächen reiben, bis das Wasser völlig aufgesogen ist. 15 Minuten zugedeckt quellen lassen.
Inzwischen Gemüse vorbereiten: Zwiebeln in Achtel, Möhren in 5 cm lange Streifen, Zucchinis in Scheiben, Aubergine oder Kürbis und Kartoffeln in große Würfel, gehäutete Tomaten in Viertel schneiden. Kichererbsen abtropfen lassen. Das Lammfleisch in 5 cm große Stücke teilen. Lammfleisch und Zwiebeln mischen, mit 1 Teelöffel Harissa, Piment, Salz und Pfeffer würzen.
Fleisch mit Zwiebeln in heißem Öl ringsum scharf anbraten, dabei häufig wenden. Vorbereitetes Gemüse zufügen, mit soviel Wasser aufgießen, daß alle Zutaten gerade bedeckt sind. Das Ragout zum Kochen bringen, dann auf kleinste Stufe zurückschalten.
Ein feuerfestes Sieb mit einem Mulltuch auslegen, so in die Kasserolle hängen, daß die unteren Zutaten nicht berührt werden. Offene Ränder mit feuchten Küchentüchern schließen. Couscousgrieß zwischen den Handflächen reibend in den Durchschlag geben. Beginnt Dampf aufzusteigen, 20 Minuten garen lassen. Dann den Grieß auf ein Backblech schütten, 15 Min. trocken lassen.
Gegartes Fleisch und Gemüse aus dem Schmortopf nehmen, warmstellen. Flüssigkeit eventuell mit etwas Wasser verlängern. Den Grieß nochmals in den Durchschlag geben, gut zudecken, in 10 Minuten über Dampf erwärmen.
Couscousgrieß auf eine Servierplatte häufen, in die Mitte eine Vertiefung drücken, Gemüse und Fleisch hineinfüllen. Die verbleibende Schmorflüssigkeit mit Harissa verrühren, separat dazu reichen.

Tip: Couscousgrieß und Harissa erhalten Sie in gutsortierten Supermärkten oder in speziellen Läden, die meist von Türken oder Jugoslawen geführt werden.

Fattush

Brotsalat

kcal	kJ	E/g	F/g	KH/g	BS/g	Chol/mg	Vit B 1/mg	Vit C/mg	Ca/mg	Mg/mg	Fe/mg
389	1.629	9,0	17,0	44,0	7,0	1,0	0,23	37,0	99	68	3,0

- 2 dünne salzlose Fladenbrote oder 250 g Landbrot
- 1 kleiner Blattsalat
- 1 kleine Salatgurke
- 2 Tomaten
- 1 rote Zwiebel
- 2 Knoblauchzehen
- Vollmeersalz
- 4 EL kaltgepreßtes Olivenöl
- 4 EL entfettete, kalte Fleischbrühe
- 2 EL heller Weinessig
- 1/2 TL Edelsüßpaprika
- 8–10 Blätter frisches Basilikum oder glatte Petersilie

Fladenbrote oder sehr dünne Scheiben Landbrot kurz in Wasser tauchen, in kleine Stücke reißen. Blattsalat putzen, waschen, zerpflücken. Salatgurke schälen, in Scheiben schneiden. Tomaten häuten und würfeln. Zwiebel schälen, in sehr feine Ringe schneiden. Knoblauchzehen mit 1 Teelöffel Salz bestreuen und mit einem Messerrücken zerdrücken. Mit Öl, Fleischbrühe, Essig und Paprikapulver verrühren.
Salatzutaten außer den Zwiebelringen mischen und mit der Marinade anmachen. Brotsalat mit Zwiebelringen und Kräuterblättchen garnieren und sofort servieren.

Tip: Die italienische Variante dieses aparten Salates ist die **Panzanella,** eine Mischung aus Brot, Tomaten und Zwiebeln, gelegentlich auch Paprikaschoten und Fenchel.

Grüne Bohnen mit Artischocken

kcal	kJ	E/g	F/g	KH/g	BS/g
282	1.178	12,0	10,0	33,0	16,0
Chol/g	Vit B 1/mg	Vit C/mg	Ca/mg	Mg/mg	Fe/mg
—	0,48	92,0	193	140	5,0

4 Fleischtomaten
4 Knoblauchzehen
2 EL Olivenöl
1 TL Harissa (siehe Tip Seite 38)
8—10 frische oder 1 EL getrocknete Korianderblättchen
500 g grüne Bohnen
Vollmeersalz
8—10 Artischockenböden (Dose)
1—2 Zweiglein frische Minzeblätter

Fleischtomaten 1 Minute in kochendes Wasser legen, häuten, grobzerkleinert durch ein Sieb pressen. Knoblauch schälen, sehr fein hacken, in Öl glasig dünsten. Tomatenpüree, Harissa und geschnittene Korianderblätter zufügen.
Bohnen putzen, in 6 cm lange Stücke brechen, in schwach gesalzenem Wasser knackig garen. Artischockenböden abtropfen lassen, vierteln.
Bohnen und Artischocken zum Tomatenpüree geben, bei milder Hitze solange dünsten, bis die Flüssigkeit weitgehend verdampft ist.
Das Gemüse mit frischen Minzeblättchen bestreut servieren.

Beilage: Polenta oder Reis.

Tabbuleh

Bunter Getreidesalat

kcal	kJ	E/g	F/g	KH/g	BS/g
318	1.332	8,0	16,0	31,0	8,0
Chol/g	Vit B 1/mg	Vit C/mg	Ca/mg	Mg/mg	Fe/mg
—	0,26	54,0	101	68	3,0

100 g Bulgur (grobgeschroteter Weizen) oder grobgeschroteter Roggen
3 Tomaten
1/2 Salatgurke
3 Frühlingszwiebeln
1 kleiner Bund Petersilie, gehackt
2 EL frische Minzeblätter, gehackt
4 EL kaltgepreßtes Olivenöl
Saft von 1 Zitrone
1 TL Kräutersalz
schwarzer Pfeffer
4—6 Kopfsalatblätter

Bulgur mit kaltem Wasser bedeckt einige Stunden quellen lassen. Tomaten häuten, entkernen, fein würfeln. Gurke schälen, ebenfalls fein würfeln. Frühlingszwiebeln in ganz feine Ringe schneiden.
Bulgur in einem Sieb sehr gut abtropfen lassen, Gemüsewürfelchen und Kräuterblättchen untermischen. Öl mit Zitronensaft, Kräutersalz und Pfeffer verrühren, den Salat damit anmachen. Im Kühlschrank 1—2 Stunden durchziehen lassen. Eine flache Schüssel mit Salatblättern auskleiden, den Salat darauf anrichten.

Laban

Minzquark

kcal	kJ	E/g	F/g	KH/g	BS/g
167	698	11,0	10,0	6,0	0,2
Chol/g	Vit B 1/mg	Vit C/mg	Ca/mg	Mg/mg	Fe/mg
8,0	0,05	2,0	146	17	0,6

- Je 250 g Vollmilchjoghurt und Magerquark
- 2 EL kaltgepreßtes Olivenöl
- 1 Prise Kräutersalz
- 2 EL frische Minze, feingeschnitten

Alle Zutaten cremig verrühren und den Quark kalt servieren.

Dazu reicht man eine Platte mit rohem Gemüse und frischem Obst, alles mundgerecht zerkleinert.
Als Gemüse z. B. Fenchel, Paprikaschote, Tomate, Möhre, Salatgurke, als Obst Orangen- oder Grapefruitfilets, Avocadoschnitze und Datteln.

Kodban

Lammspießchen

kcal	kJ	E/g	F/g	KH/g	BS/g
376	1.577	43,0	17,0	4,0	1,0
Chol/g	Vit B 1/mg	Vit C/mg	Ca/mg	Mg/mg	Fe/mg
140,0	0,38	4,0	38	71	4,0

- 800 g mageres Lammfleisch
- 2 EL Erdnußöl
- Saft von 1 Zitrone
- 1 Bund glatte Petersilie, feingehackt
- 2—3 Knoblauchzehen, zerdrückt
- je 1 TL geriebener Ingwer, Kurkuma (Gelbwurz) und Vollmeersalz
- 1/2 TL gemahlener Kreuzkümmel

Lammfleisch in 3 cm große Würfel schneiden. Die übrigen Zutaten cremig verrühren. Fleischwürfel damit über Nacht im Kühlschrank marinieren.
Mehrmals wenden, damit die Fleischstücke ringsum mit Marinade überzogen sind.
Abgetropfte Fleischwürfel dicht an dicht auf Holz- oder Metallspieße stecken und unter dem Grill 10—15 Minuten braun rösten.

Beilage: Brot- oder Getreidesalat (siehe Rezept Seite).

Kokos-Gemüse-Gratin

kcal	kJ	E/g	F/g	KH/g	BS/g
361	1.514	12,0	23,0	24,0	10,0
Chol/g	Vit B 1/mg	Vit C/mg	Ca/mg	Mg/mg	Fe/mg
22,0	0,3	115,0	164	66	3,0

750 g Gemüse nach Jahreszeit
1 frische Kokosnuß
2 EL Butter oder Pflanzenmargarine
2 EL Mehl
ca. 1/8 l Gemüse- oder Fleischbrühe
Cayennepfeffer
je 2 EL geriebener Käse und Semmelbrösel

Geputztes, vorbereitetes Gemüse in mundgerechte Stücke (z. B. Blumenkohl in Röschen, Karotten in Scheiben, Lauchzwiebeln in 5-cm-Stücke etc.) schneiden, in wenig Salzwasser bißfest garen. Gut abtropfen lassen.
Die Augen der Kokosnuß mit dem Korkenzieher durchstechen, Kokosmilch auffangen. Dann die Nuß mit einem Hammer aufschlagen, das Fruchtfleisch herauslösen, braune Haut entfernen. Soviel Kokosfleisch fein raspeln, daß es eine Tasse voll ergibt.
Aus Butter und Mehl eine helle Schwitze bereiten, mit Kokosmilch ablöschen. Die Soße mit Brühe auf gut 1/4 l ergänzen, durchkochen lassen. Kokosraspel unterziehen, mit Cayennepfeffer abschmecken.
In eine gefettete feuerfeste Form das Gemüse einschichten, mit Kokossoße überziehen. Käse-Bröselmischung darüberstreuen und das Gratin im Backofen (E.: 200° C, G.: 3) ca. 20 Minuten überbacken.

Beilage: Weißbrot.

Kontomire

Fleisch-Spinat-Topf

kcal	kJ	E/g	F/g	KH/g	BS/g	Chol/mg	Vit B 1/mg	Vit C/mg	Ca/mg	Mg/mg	Fe/mg
398	1.662	33,0	19,0	16,0	10,0	62,0	0,9	131,0	239	209	10,0

400 g mageres Rind- und Schweinefleisch
1/2 l Wasser
1 TL Vollmeersalz
1 Bund Suppengrün
1 Lorbeerblatt
500 g junger Blattspinat
2 Fleischtomaten
2 EL Pflanzenöl
1 große Zwiebel
Pfeffer
1 Löffelspitze gemahlener Koriander
2 EL Kürbiskerne, grobgehackt

Das Fleisch in 5 cm große Würfel schneiden. Salz mit Wasser und geputztem, grob zerkleinerten Suppengrün und Lorbeerblatt zum Kochen bringen, das Fleisch zugeben und bei mittlerer Hitze zugedeckt 45 Minuten kochen lassen.

Spinat waschen, B ätter von den Stielen zupfen. Fleischtomaten häuten, entkernen, sehr fein hacken. Zwiebel in dünne Streifen schneiden, in Öl glasig schwitzen. Spinat zugeben, unter Rühren zusammenfallen lassen. Tomatenwürfel zufügen, 1/4 l Fleischbrühe zugießen und das Gemüse 15 Minuten bei milder Hitze garen.
Abgetropfte Fleischwürfel und Spinat mischen, nur soviel Brühe zugießen, daß alles gerade bedeckt ist. Mit Salz, Pfeffer und Koriander würzig abschmecken, mit Kürbiskernen bestreut servieren.

Amerika

T-Bone-Steak

kcal	kJ	E/g	F/g	KH/g	BS/g
556	2.322	58,0	26,0	10,0	4,0
Chol/g	Vit B 1/mg	Vit C/mg	Ca/mg	Mg/mg	Fe/mg
150,0	0,62	25,0	75	91	9,0

2 T-Bone-Steaks, von je ca. 500 g, gut abgehangen

Marinade:

3 EL Pflanzenöl

1 EL Rotweinessig

200 ml Tomatensaft

1—2 Knoblauchzehen, zerdrückt

je 1 EL Worcester- und Tabascosoße

je 1 Zweiglein Rosmarin und Thymian

Pfeffer

Marinade: Die angegebenen Zutaten gut verrühren, T-Bone-Steaks ca. 6 Stunden damit marinieren. Während dieser Zeit mehrmals wenden.
Die Steaks unter dem Elektrogrill auf jeder Seite ca. 12 Minuten knusprig braun grillen. Vor dem Anschneiden 10 Minuten zugedeckt ruhen lassen, damit sich der Fleischsaft innen gleichmäßig verteilt.
T-Bone-Steaks salzen, in dünnen Schrägscheiben aufschneiden und anrichten.

Beilagen: gegrillte Tomaten, Salate, Stangenweißbrot oder Silberkartoffeln (siehe folgendes Rezept).

Baked Potatoes

Silberkartoffeln

kcal	kJ	E/g	F/g	KH/g	BS/g
283	1.188	7,0	7,0	44,0	6,0
Chol/g	Vit B 1/mg	Vit C/mg	Ca/mg	Mg/mg	Fe/mg
4,0	0,25	40,0	134	79	3,0

8 gleichmäßig große, mehlig kochende Kartoffeln

1 EL Pflanzenöl

8 EL Kräuterquark

Kartoffeln unter fließendem Wasser sauber bürsten, abtrocknen. Entsprechend große Quadrate aus Alufolie schneiden, mit Öl bepinseln, je 1 Kartoffel locker darin einwickeln. Die Kartoffeln auf einem Backblech im Backofen (E.: 220 ° C, G.: 4) ca. 40 Minuten backen.
Alufolie aufklappen, Kartoffeln durch leichtes Drücken von außen aufspringen lassen. Je einen Eßlöffel Kräuterquark daraufgeben.

Maissalat mit Paprika

kcal	kJ	E/g	F/g	KH/g	BS/g
291	1.219	8,0	15,0	28,0	10,0
Chol/g	Vit B 1/mg	Vit C/mg	Ca/mg	Mg/mg	Fe/mg
—	0,33	177,0	127	93	4,0

1 Dose Maiskörner (340 g)
2 grüne Paprikaschoten
2 Tomaten
2 Stangen Bleichsellerie
3 EL Oliven- oder Maiskeimöl
2 EL heller Weinessig
Saft von 1/2 Orange
1/2 TL Edelsüß-Paprika
Vollmeersalz, weißer Pfeffer
grüne Salatblätter
einige schwarze Oliven

Maiskörner abtropfen lassen. Paprikaschoten entkernen, in Streifen schneiden. Tomaten häuten, achteln. Bleichsellerie falls nötig schälen, in Stücke schneiden. Alles mischen und mit den angegebenen Zutaten anmachen.
Maissalat auf Salatblättern anrichten und mit Oliven bestreuen.

Coleslaw

Weißkraut-Ananas-Salat

kcal	kJ	E/g	F/g	KH/g	BS/g
249	1.045	7,0	15,0	18,0	4,0
Chol/g	Vit B 1/mg	Vit C/mg	Ca/mg	Mg/mg	Fe/mg
14,0	0,21	62,0	120	59	1,5

1 Kopf Weißkraut (ca. 400 g)
2 Scheiben Frühstücksspeck
1 EL Pflanzenöl
1 Zwiebel
2 EL heller Weinessig
1 TL Vollmeersalz
weißer Pfeffer
1 Becher (150 g) Naturjoghurt
2—3 Scheiben Ananas (Dose)
3 EL Ananassaft
2 EL Walnüsse, grobgehackt

Vom Weißkraut die äußeren Blätter ablösen, den Kohlkopf waschen, halbieren und den Strunk herausschneiden. Das Kraut sehr fein raffeln.
Speck in dünne Streifen schneiden, in Öl rösch ausbraten. Gehackte Zwiebeln zufügen, glasig dünsten.
Speck-Zwiebeln, Essig, Salz, Pfeffer und Joghurt unter den Krautsalat mischen, 30 Minuten durchziehen lassen.
Kurz vor dem Servieren in Stücke geschnittene Ananas mit Saft unterheben und den Salat mit Nüssen bestreuen.

DE CHABLIS
1er Cru
12% vol.

Baked Alaska Salmon

Gefüllter Lachs

kcal	kJ	E/g	F/g	KH/g	BS/g	Chol/mg	Vit B 1/mg	Vit C/mg	Ca/mg	Mg/mg	Fe/mg
758	3.170	55,2	39,0	31,9	1,9	92,0	0,48	14,9	81	95	3,7

6 Portionen

- 1 ganzer Lachs ohne Kopf, küchenfertig vorbereitet, ca. 1,5 kg schwer
- Vollmeersalz, Pfeffer
- Saft von 1 Zitrone
- 2 Tassen Semmelbrösel
- 1 Zwiebel
- 1 Bund Petersilie
- 1 TL Salbei
- 2 EL Butter
- 1 Tasse Fischfond (evtl. als Fertigprodukt)
- 1 Zitrone zum Garnieren

Lachs unter fließendem Wasser innen und außen abspülen, trockentupfen. Innen und außen mit Salz, Pfeffer und Zitronensaft würzen.
Semmelbrösel mit feingehackter Zwiebel, Petersilie und Salbeiblättchen mischen, 1 EL flüssige Butter und die Hälfte vom Fischfond zugeben. Die Masse mit Salz und Pfeffer würzig abschmecken, in den Bauchraum des Fisches füllen, mit Zahnstochern zustecken.
Den Fisch in eine gefettete feuerfeste Form legen, übrigen Fischfond zufügen. Im Backofen (E.: 200 ° C, G.: 3) ca. 1 Stunde braten. Zwischendurch mehrmals mit Fischfond übergießen, falls nötig, mit einem Stück Alufolie bedecken.
Den fertigen Fisch in der Form, mit Zitronenscheiben und Petersiliensträußchen garniert, servieren.

Beilagen: Petersilienkartoffeln und/oder grüner Salat.

Tortillas de Salsa Mexicana en Guacamole

Maisfladen mit verschiedenen Soßen

Maisfladen:

kcal	kJ	E/g	F/g	KH/g	BS/g
305	1.277	10,0	4,0	53,0	3,0
Chol/g	Vit B 1/mg	Vit C/mg	Ca/mg	Mg/mg	Fe/mg
55,0	0,2	—	35	45	2,0

150 g Maismehl
150 g Weizenmehl, 1 Ei
je 1/2 TL Natron und Salz
ca. 1/2 l heißes Wasser

Mexikanische Soße:

kcal	kJ	E/g	F/g	KH/g	BS/g
166	694	4,0	9,0	14,0	7,0
Chol/g	Vit B 1/mg	Vit C/mg	Ca/mg	Mg/mg	Fe/mg
—	0,18	79,0	61	55	2,3

3—4 rote Peperonischoten
2 Fleischtomaten, 1/2 Paprikaschote
1 Zwiebel, 1 Knoblauchzehe
1 Löffelspitze Vollmeersalz
1 Messerspitze Cayennepfeffer
1/2 TL Zucker
3—4 Stengel Petersilie
1 Stengel frischer Koriander
2 EL kaltgepreßtes Olivenöl

Avocadocreme:

kcal	kJ	E/g	F/g	KH/g	BS/g
353	1.477	5,0	30,0	11,5	5,5
Chol/g	Vit B 1/mg	Vit C/mg	Ca/mg	Mg/mg	Fe/mg
—	0,22	37,0	36	67	1,7

1 kleine Zwiebel, 1 Fleischtomate
2 reife Avocados, 2 TL Chilipulver, 1 TL Salz
2 TL heller Weinessig
oder Saft von 1/2 Zitrone

Maisfladen: Beide Mehlsorten mischen, in die Mitte eine Vertiefung drücken. Ei, Natron und Salz gut verquirlen, hineinfüllen. Unter ständigem Kneten soviel heißes Wasser zugeben, bis ein knetfähiger Teig entstanden ist. Den Teig mindestens noch 3 Minuten durchkneten, dann zugedeckt 30 Minuten ruhen lassen. Anschließend walnußgroße Bällchen formen, jeweils eines zwischen Pergamentpapier zu einem Fladen (15 cm ∅) ausrollen. Die Tortillas bei starker Hitze in einer ungefetteten gußeisernen Pfanne goldbraun braten. Beim Wenden darauf achten, daß sie nicht zerbrechen.
Tortillas, zu Viertelkreisen zusammengefaltet, heiß oder kalt in eine der folgenden Soßen dippen.

Mexikanische Soße: Peperonischoten und Paprikaschote entkernen, Tomaten häuten. Zwiebel und Knoblauch schälen. Alle Gemüse grob zerkleinern, mit Salz, Cayennepfeffer und Zucker im Mixer pürieren. Zuletzt feingehackte Petersilien- und Korianderblättchen sowie das Öl unterrühren.

Avocadocreme: Geschälte Zwiebel und gehäutete, entkernte Tomate sehr fein hacken. Avocadofruchtfleisch mit einer Gabel cremig rühren, sofort mit Gewürzen und Essig abschmecken. Zuletzt Zwiebel- und Tomatenwürfelchen untermischen. Avocadocreme sofort servieren. Bei zu langem Stehen verfärbt sie sich unansehnlich braun.

Vorsicht Fett! Wer auf Kalorien und Fett achten muß, sollte nicht oder nur ganz wenig in die Avocadosauce dippen. Stattdessen kann man Rohkost in die Tortillas füllen und etwas Chilisauce darüber träufeln. Das schmeckt hervorragend!

Anmerkung: Echte Tortillas zu backen ist ein Kunststück. Die Beschaffenheit des Teiges, die richtige Backtemperatur etc. zu finden, erfordert viel Erfahrung. Wer dieses Experiment scheut, sollte auf die im Handel erhältlichen »Tacos«, fertig gebackene Tortillas, zurückgreifen.

Chili con Carne

Bohnentopf

kcal	kJ	E/g	F/g	KH/g	BS/g	Chol/mg	Vit B 1/mg	Vit C/mg	Ca/mg	Mg/mg	Fe/mg
531	2.222	45,0	17,0	41,0	20,0	75,0	0,5	35,0	130	154	9,0

- 250 g rote Bohnen
- 1 Lorbeerblatt
- 500 g mageres Rindfleisch
- 2 Zwiebeln
- 1 Pfefferschote (Chilischote)
- 250 g Tomaten
- 2 EL Pflanzenöl
- ca. 1 TL Chilipulver
- 1 EL Edelsüß-Paprika
- Vollmeersalz, Pfeffer

Bohnen über Nacht in Wasser einweichen. Am anderen Tag im Einweichwasser mit Lorbeerblatt gut 1 Stunde bei mittlerer Hitze kochen lassen.

Inzwischen Rindfleisch in 1 cm große Würfel schneiden. Zwiebeln hacken, Pfefferschote längs halbieren, entkernen, in feine Streifen schneiden (Vorsicht, sehr scharf!). Tomaten überbrühen, häuten, in Achtel teilen.

Tontopf wässern. Rindfleisch in Öl ringsum braun anbraten. Zwiebelwürfel zugeben, glasig schwitzen. Das Fleisch mit Gewürzen bestäuben, Pfefferschotenstreifen und Tomaten zugeben. Alles kurz durchkochen. Das Fleisch soll feurig-scharf gewürzt sein.

In den vorbereiteten Tontopf eine Lage abgetropfte Bohnen geben, das Fleisch darauffüllen. Mit den übrigen Bohnen bedecken, gut 1/8 l Bohnenkochwasser darübergießen. Deckel auflegen, Tontopf in den kalten Backofen stellen, bei E.-Herd 250 ° C, G.-Herd 5, 1 1/2 Stunden schmoren lassen.

Den Bohnentopf heiß servieren.

Beilage: kräftiges Landbrot.

Tip: Nicht original, aber wesentlich schneller! Das Fleisch durch die grobe Scheibe des Fleischwolfs drehen!

Calabaza en Mantequila

Gebratene junge Kürbisse

kcal	kJ	E/g	F/g	KH/g	BS/g
169	704	8,0	12,0	6,0	2,0
Chol/g	Vit B 1/mg	Vit C/mg	Ca/mg	Mg/mg	Fe/mg
28,0	0,15	32,0	251	55	1.997

- 4 junge längliche Kürbisse (Squash), ersatzweise Zucchini
- Vollmeersalz
- 2 Ecken (à ca. 60 g) Schmelzkäse
- 1—2 EL Crème fraîche
- 1 EL Butter
- 1/2 TL Rosmarinnadeln

Kürbisse waschen, streifig abschälen. Danach längs halbieren, Kerne mit einem Teelöffel auskratzen. Kürbisse in 1 Tasse Wasser mit Salz 5 Minuten kochen, abtropfen lassen.
Schmelzkäse mit Crème fraîche verrühren. Die Schnittflächen der Kürbisse damit bestreichen. Zusammengesetzt in eine gefettete feuerfeste Form legen. Das Gemüse mit zerlassener Butter bestreichen, mit Salz und Rosmarin bestreuen und im Backofen (E.: 220° C, G.: 4) ca. 20 Minuten hellbraun braten. In der Form heiß zu Tisch bringen.

Beilage: Reis oder Maisfladen (Tortillas).

Ensalada de Espinace y Aguacate

Avocado-Spinat-Salat

kcal	kJ	E/g	F/g	KH/g	BS/g
341	1.427	9,0	29,0	71,0	5,0
Chol/g	Vit B 1/mg	Vit C/mg	Ca/mg	Mg/mg	Fe/mg
66,0	0,26	80,0	214	111	6,0

- 500 g frischer Spinat
- 2 Zwiebeln
- 2 EL Oliven- oder gutes Pflanzenöl
- 1 Avocado
- 1 Ei, hartgekocht
- Vollmeersalz, Pfeffer
- Saft von 1/2 Zitrone
- einige Salatblätter
- 4 EL Crème fraîche

Spinat putzen, Blätter von den Stielen zupfen und waschen. Zwiebeln schälen, in dünne Scheiben schneiden, in Öl 3 Minuten glasig dünsten. Tropfnassen Spinat zufügen, in 5 Minuten bei mittlerer Hitze zusammenfallen lassen. Spinat abkühlen lassen.
Inzwischen die Avocado schälen, in Würfel schneiden. Das Ei pellen, in Scheiben schneiden. Beides unter das Spinatgemüse mischen, mit Salz, Pfeffer und Zitronensaft würzen.
Avocado-Spinat-Salat auf grünen Salatblättern portionsweise anrichten, mit je 1 EL Crème fraîche garnieren.

Beilage: geröstetes Landbrot.

Tip: Nicht authentisch, aber wesentlich vitaminreicher! Junge, zarte Spinatblätter samt Zwiebeln roh unter die übrigen Zutaten mischen!

Aji de pollo

Hähnchen in scharfer Gemüsesoße

kcal	kJ	E/g	F/g	KH/g	BS/g	Chol/mg	Vit B 1/mg	Vit C/mg	Ca/mg	Mg/mg	Fe/mg
895	3.743	56,0	54,0	31,0	8,0	217,0	0,4	47,0	99	142	8,0

- 1 bratfertige Poularde (ca. 1 kg)
- Vollmeersalz, Pfeffer
- Mehl zum Bestäuben
- 4 Zwiebeln
- 2 Knoblauchzehen
- 4 EL kaltgepreßtes Olivenöl
- 1/4 l Hühnerbrühe
- 3—4 Fleischtomaten
- 4 Kartoffeln
- je 1 rote und grüne Pfefferschote
- 1/2 TL Chilipulver
- 1/2 TL Majoran, gerebelt

Die Poularde in mundgerechte Stücke schneiden, mit Salz und Pfeffer würzen, ringsum mit Mehl bestäuben.
Zwiebeln und Knoblauchzehen schälen. 2 Zwiebeln in Scheiben, 2 in Achtel schneiden.
2 EL Öl erhitzen, Zwiebelscheiben und ganze Knoblauchzehen darin glasig schwitzen. Hähnchenstücke zugeben und ringsum braun anbraten. Mit 1/8 l Hühnerbrühe auffüllen und das Fleisch zugedeckt bei mittlerer Hitze ca. 40 Minuten schmoren lassen.
Inzwischen Tomaten häuten, grob hacken. Kartoffeln schälen, würfeln. Pfefferschoten längs aufschneiden, Kerne und weiße Bindehäute herauskratzen. Pfefferschoten in dünne Streifen schneiden.
Übrige Zwiebeln, Tomaten, Kartoffeln und Pfefferschoten in restlichem Öl andünsten, mit Chilipulver, Majoran und Salz feurig-scharf würzen. Die restliche Fleischbrühe zugießen und das Gemüse in 20 Minuten garkochen. Hähnchenteile und Gemüsesoße mischen und in einer vorgewärmten Servierschüssel zu Tisch bringen.

Beilage: Reis oder Landbrot.

Evtl. Garnierung: Gekochte Eiviertel und Oliven. Achtung, mehr Fett und Cholesterin (in der Tabelle nicht gerechnet)! Es tut dem Wohlgeschmack des Gerichts keinen Abbruch, darauf zu verzichten.

Moqueca de Peixe

Fischtopf mit Kokosmilch

kcal	kJ	E/g	F/g	KH/g	BS/g	Chol/mg	Vit B 1/mg	Vit C/mg	Ca/mg	Mg/mg	Fe/mg
339	1.415	38,0	15,0	6,0	5,0	113,0	0,2	18,0	81	107	3,0

800 g beliebiges Fischfilet (magere Sorten, z. B. Rotbarsch, Scholle, Kabeljau)

Saft von 1 Zitrone

Marinade:

1 Bund frische Kräuter (Petersilie, Schnittlauch, Koriander- und Minzezweiglein)

1 Knoblauchzehe

1 große Zwiebel

2 Tomaten

1 TL Pfeffer

2 TL Vollmeersalz

1 frische Kokosnuß

2 EL Palmkern- oder gutes Pflanzenöl

Fischfilets unter Wasser abspülen, trockentupfen, mit Zitronensaft beträufelt 15 Minuten stehen lassen.

Marinade: Kräuterblättchen von den Stielen zupfen, fein hacken. Knoblauch schälen, zerdrücken. Zwiebel fein würfeln. Tomaten häuten, halbieren, entkernen, grob hacken. Alle Zutaten samt Pfeffer und Salz zu einer cremigen Paste verrühren, trockengetupfte Fischstücke damit bestreichen, 1 Stunde durchziehen lassen.

Inzwischen die Kokosnuß öffnen (Augen mit einem Korkenzieher durchstechen), Kokosmilch auffangen.

Öl in einem Topf erhitzen, Fischstücke mit Marinade hineinlegen. Kokosmilch mit 1 Tasse Wasser mischen, darübergießen. Deckel auflegen und alles bei mittlerer Hitze 15 Minuten kochen lassen. Topf während dieser Zeit nicht öffnen, damit das Aroma erhalten bleibt. Danach noch 10 Minuten bei milder Hitze ziehen lassen. Eventuell etwas Wasser zugießen. Fischtopf in vorgewärmter Servierschüssel anrichten, mit frischen Kräuterblättchen garnieren.

Beilagen: Reis und — wer's besoncers scharf liebt — Chili-Sauce.

Tip: Statt frischer Kokosmilch zu verwenden, können Sie auch 100 g Kokosraspel 1 Stunde in 1/8 l heißer Milch einweichen. Danach die Milch abgießen, dabei die Kokosraspeln gut ausdrücken.

Carbonada criolla
Fleischragout mit Obst

kcal	kJ	E/g	F/g	KH/g	BS/g	Chol/mg	Vit B 1/mg	Vit C/mg	Ca/mg	Mg/mg	Fe/mg
473	1.979	32,0	15,0	39,0	9,0	75,0	0,45	45,0	108	83	6,0

500 g mageres Rindfleisch
3 Zwiebeln
2 EL kaltgepreßtes Olivenöl
1/8 l Weißwein
1 EL Tomatenmark
1 Lorbeerblatt
2 Petersilienstengel
1 Stückchen Sellerie
1 TL Vollmeersalz
je 1/2 TL Thymian, gerebelt, und Pfeffer
3/8 l Fleischbrühe
2 Kartoffeln
1 kleiner Kürbis (250 g) oder 1 Zucchini
1–2 Süßkartoffeln (falls erhältlich)
2 säuerliche Äpfel
2 reife Pfirsiche
2 EL Rosinen
2 EL Petersilie, gehackt

Rindfleisch in 3 cm große Stücke schneiden. Zwiebeln schälen und achteln. Fleisch und Zwiebeln in Öl ringsum scharf anbraten, mit Wein und Tomatenmark ablöschen. Lorbeerblatt, Petersilie und gewürfelten Sellerie zufügen, mit Salz, Thymian und Pfeffer verrühren. Das Ganze einmal aufkochen, mit Fleischbrühe auffüllen und zugedeckt bei milder Hitze 35 Min. schmoren lassen.
Inzwischen Gemüse und Obst schälen bzw. häuten, in 3 cm große Würfel schneiden. Dann die Gemüsestückchen zum Fleisch geben, noch 20 Minuten weiterschmoren. Zuletzt Obst und Rosinen untermischen, das Ragout kurz durchkochen lassen, süßpikant abschmecken. Mit Petersilie bestreut servieren.

Beilage: Reis oder Stangenweißbrot.

Asien

Shabu-shabu

Fondue in Brühe

kcal	kJ	E/g	F/g	KH/g	BS/g
311	1.302	33,0	6,0	25,0	6,0
Chol/g	Vit B 1/mg	Vit C/mg	Ca/mg	Mg/mg	Fe/mg
60,0	0,3	46,0	156	102	4,0

Je 200 g mageres Rindfleisch (Rumpsteak) und Putenschnitzel

200 g fester Tofu

50 g getrocknete Glasnudeln

50 g getrocknete chinesische Pilze (Mu-err)

2 Karotten

1 Kohlrabi

75 g Zuckerschoten oder sehr junge Erbsen

ca. 150 g Chinakohl

Brühe:

1 Stück (ca. 5 x 10 cm) Kombu (Seetang)

Ponzu-Sauce:

kcal	kJ	E/g	F/g	KH/g	BS/g
49	207	4,0	1,0	5,0	0,07
Chol/g	Vit B 1/mg	Vit C/mg	Ca/mg	Mg/mg	Fe/mg
–	0,037	2	36	22	1,0

1 Knoblauchzehe

Saft von 1 Zitrone

6 EL Sojasoße

3 EL Sake (Reiswein, zur Not trockener Weißwein)

1 EL gekörntes Dashi, in 3 EL Wasser aufgelöst (ersatzweise 3 EL Kombu-Brühe)

Miso-Sauce:

kcal	kJ	E/g	F/g	KH/g	BS/g
156	652	7,0	9,0	8,0	4,0
Chol/g	Vit B 1/mg	Vit C/mg	Ca/mg	Mg/mg	Fe/mg
–	0,18	15,0	211	90	4,0

4 EL heller Essig

4 EL Sake (Reiswein)

2 EL Sojasoße

1 EL Misopaste

2 TL Zucker

3 EL Sesamsamen

1 EL gekörntes Dashi, in 3 EL Wasser aufgelöst (ersatzweise 3 EL Kombu-Brühe)

1 EL scharfer Senf

Außerdem:

1 mittelgroßer schwarzer Rettich

2 Frühlingszwiebeln

Rindfleisch und Putenschnitzel ca. 1 Stunde ins Gefrierfach legen, dann in hauchdünne Scheibchen bzw. Streifen teilen. Tofu in 2 cm große Würfel schneiden. Glasnudeln mit kochendem Wasser überbrühen, nach 5 Minuten abgießen, mit einer Schere in kleine Stücke schneiden. Pilze 30 Minuten in warmem Wasser einweichen, danach putzen und in dünne Scheiben schneiden. Gemüse schälen bzw. putzen, in dünne Scheiben oder Streifen schneiden oder – dekorativ – mit kleinen Ausstechern hübsche Formen ausstechen. 2/3 der Zutaten auf einer Servierplatte dekorativ anrichten, kalt stellen.

Bitte umblättern.

Brühe: Gut 1 l Wasser in einen Topf geben. Das Kombustück mit einer Schere mehrmals einschneiden, ins Wasser legen, langsam zum Kochen bringen.

Ponzu-Sauce: Knoblauch zerdrücken, mit den übrigen Zutaten glattrühren.

Miso-Sauce: Alle Zutaten miteinander mischen.

Rettich schaben, fein raspeln.
Frühlingszwiebeln mit Grün ganz fein würfeln.

So bereitet man das japanische Fondue zu: Pro Person je ein Schälchen Ponzu-Sauce und Miso-Sauce sowie Rettich und Zwiebelwürfelchen auf dem Tisch bereitstellen. Die Brühe (ohne Kombu) in einen Fonduetopf gießen und aufs Rechaud stellen. Ein Drittel der Zutaten hineingeben, leise ziehen lassen. Bei Tisch nimmt jeder einige der gegarten Gemüse- und Fleischstückchen mit einem kleinen Metallsieb heraus und würzt individuell mit den bereitgestellten Soßen.
Die übrigen Zutaten nach und nach in die Brühe geben und garen.
Zuletzt wird die Brühe in kleine Schälchen verteilt und getrunken.

Tip: Kocht die Brühe während des Essens zu stark ein, etwas Wasser oder aufgelöste Dashi-Brühe nachgießen.

Gebackener Tofu

kcal	kJ	E/g	F/g	KH/g	BS/g
189	791	15,0	11,0	4,0	3,0
Chol/g	Vit B 1/mg	Vit C/mg	Ca/mg	Mg/mg	Fe/mg
—	0,12	1,0	277	139	4,0

- 600 g fester Tofu (Sojabohnenquark)
- 50 g helle Misopaste
- 3 EL Mirin (süßer Reiswein, ersatzweise lieblicher Weißwein und 1 Prise Zucker)
- 3 EL Sake (Reiswein) oder halbtrockener Sherry
- 2 EL Sesamsamen
- Saft von 1 Limette

Tofu in 8 gleichgroße Scheiben schneiden, mit Küchenkrepp trockentupfen. Misopaste mit Mirin und Sake glatt verrühren.
Sesamsamen in trockener Pfanne goldgelb rösten. Misosoße halbieren, einen Teil mit Sesamsamen, den zweiten Teil mit Limettensaft mischen.
Die Tofuscheiben nebeneinander in eine flache feuerfeste Form legen, unter dem vorgeheizten Grill oder im heißen Backofen (E.: 220° C, G.: 4) so lange grillen, bis sie hellgelb sind. Dann 4 Scheiben mit Miso-Sesam-Soße und 4 Scheiben mit Miso-Limetten-Soße bestreichen. Die Tofuscheiben weitergrillen, bis sie goldbraun gebraten sind. Heiß servieren.

Beilage: Rohkostplatte.

Tip: Auch sehr lecker: Tofu würfeln, abwechselnd mit frischen Champignons und/oder kleinen Frühlingszwiebeln auf Spieße stecken. Grillen wie oben.

Wan-tan-Suppe

Nudeltaschen in Brühe

kcal	kJ	E/g	F/g	KH/g	BS/g	Chol/mg	Vit B 1/mg	Vit C/mg	Ca/mg	Mg/mg	Fe/mg
134	562	9,0	2,0	20,0	1,0	11,0	0,07	13,0	78	41	2,0

- 16 Wan-tan-Täschchen (fertig vorbereitet in Asienläden erhältlich)
- 50 g Glasnudeln
- 100 g junger zarter Spinat
- 1 l Gemüse- oder Hühnerbrühe (möglichst frisch zubereitet)
- Sojasoße
- Vollmeersalz, Pfeffer
- 2 Scheiben magerer gekochter Schinken
- 4 Blättchen Selleriegrün oder Maggikraut

Glasnudeln mit kochendem Wasser überbrühen, ca. 5 Minuten stehen lassen. Danach abgießen, mit kaltem Wasser abschrecken, mit einer Schere mundgerecht zerteilen.
Spinat putzen, 2 Minuten blanchieren, abgetropft in Streifen schneiden.
Brühe erhitzen, Wan-tan-Nudeltäschchen hineinlegen, bei milder Hitze 12 Minuten garziehen lassen. Spinat zufügen, 3 Minuten mitköcheln, die Suppe mit Sojasoße, Salz und Pfeffer würzen.
Glasnudeln in Servierschälchen verteilen, Wan-tans, Spinat und Brühe darauf geben. Mit Schinkenstreifen bestreuen und mit Sellerieblättchen garniert heiß servieren.

Anmerkung: Wan-tans sind mit Hühnerfleisch gefüllte Nudeltäschchen, ähnlich den italienischen Tortellini. Wer sie gerne selber machen will, kauft dazu fertige Wantan- oder Pangsit-Teigscheiben (frisch oder TK), belegt diese mit einer Farce aus gehacktem Hühnerfleisch, feinsten Porreeringen und geriebener Zwiebel, gewürzt mit Salz und Pfeffer. Teigscheiben darüber zusammenfalten, Ränder dabei mit Eiweiß bepinseln.

Reisnudeln mit Filet und Gemüse

kcal	kJ	E/g	F/g	KH/g	BS/g	Chol/mg	Vit B 1/mg	Vit C/mg	Ca/mg	Mg/mg	Fe/mg
480	2.007	28,0	13,0	57,0	7,0	38,0	0,36	24,0	146	78	5,0

4–6 getrocknete Shiitake-Pilze
1 Pckg. (250 g) sehr feine Reisnudeln (Mihun)
250 g Putenbrustfilet oder mageres Rindfleisch (Filet)
1 Eiweiß
Sojasoße
1 TL Speisestärke
Vollmeersalz, Pfeffer
2 Zwiebeln
2–3 Knoblauchzehen
1 Stück (4 cm) frische Ingwerwurzel
3 Stangen Bleichsellerie
1 Karotte
100 g Bambussprossen
100 g Sojabohnenkeimlinge
2 EL gutes Sojaöl
100 ml Hühnerbrühe
1 EL Hoisinsoße
1 EL heller Weinessig
3 EL glatte Petersilie oder Korianderblätter, fein gehackt

Die Pilze 1 Stunde in warmem Wasser einweichen, danach Stiele entfernen und die Hüte in Scheiben schneiden. Reisnudeln nach Packungsangabe bißfest kochen, kalt abspülen, abtropfen lassen. Fleisch in sehr dünne Streifen schneiden. Eiweiß mit 1 Eßlöffel Sojasoße, Speisestärke, Salz und Pfeffer verquirlen, Fleischstreifen darin wenden, 20 Minuten marinieren.
Inzwischen Gemüse putzen bzw. schälen. Zwiebeln und Knoblauch hacken, Ingwer feinreiben, Bleichsellerie in 4 cm lange schräge Stücke schneiden. Karotte und Bambussprossen mit einem Buntmesser in Scheiben teilen. Sojabohnenkeimlinge abtropfen lassen.
Wok oder tiefe Pfanne trocken erhitzen, Öl von den Seiten einfließen lassen, Zwiebeln, Knoblauch und Ingwer darin gelb dünsten. Fleischstreifen zugeben, bei starker Hitze rundum braun anbraten, herausnehmen. Gemüse ins Bratfett geben, 2 Minuten pfannenrühren. Marinade, Brühe, Hoisinsoße und Essig zugeben, zugedeckt 3 Minuten weitergaren. Dann Pilze, Fleisch und Nudeln zufügen, zugedeckt noch 5 Minuten dünsten. Mit Sojasoße, Salz und Pfeffer nach Belieben abschmecken, mit Petersilie bestreut servieren.

Tip: Vegetarier nehmen statt Fleisch Tofu, gepreßten Sojabohnenquark, der in Blocks zu 250 g in Asienläden, Reformhäusern oder meist auch gut geführten Supermärkten erhältlich ist. Der geschmacksneutrale Tofu verlangt nach Würzen wie Sojasoße, frischen Kräutern, Vollmeersalz und Pfeffer.

Buntes Gemüse, pfannengerührt

kcal	kJ	E/g	F/g	KH/g	BS/g	Chol/mg	Vit B 1/mg	Vit C/mg	Ca/mg	Mg/mg	Fe/mg
258	1.077	10,0	13,0	22,0	10,0	–	0,31	70,0	232	97	5,0

- 4 getrocknete chinesische Pilze (Mu-err)
- 2 große Karotten
- 1 Stange Lauch
- 4 Frühlingszwiebeln
- 250 g frischer Spinat, Mangold oder Paksoi
- 250 g grüne Bohnen
- 2 Knoblauchzehen
- ca. 100 g Bambussprossen (Dose)
- ca. 100 g Sojabohnenkeimlinge (frisch oder Dose)
- 3 EL gutes Sojaöl
- 1 Stück (3 cm) frische Ingwerwurzel
- Vollmeersalz, Pfeffer
- 1/2 TL Zucker
- 100 ml Gemüsebrühe
- 2 EL trockener Sherry
- 1 EL Austernsoße
- 1 EL dunkle Sojasoße
- 1 EL Speisestärke

Pilze 30 Minuten in warmem Wasser einweichen. Danach putzen, in Streifen oder Scheiben schneiden. Karotten schälen, in Streifen teilen. Lauch putzen, in Ringe schneiden. Das Grün der Frühlingszwiebeln fein hacken, beiseite stellen. Das Weiße vierteln. Spinat putzen, evtl. zerkleinern. Bohnen in 5 cm lange Stücke teilen. Knoblauch hacken. Bambussprossen in Scheiben schneiden. Sojabohnenkeimlinge waschen bzw. abtropfen lassen.

Wok oder tiefe Pfanne trocken erhitzen, dann das Öl von den Seiten einfließen lassen.

Zwiebelviertel, Knoblauch und geriebene Ingwerknolle goldgelb braten. Dann Karotten und Bohnen zufügen, 5 Minuten bei großer Hitze braten. Übrige Gemüse zugeben, unter ständigem Umschichten 2 Minuten weiterbraten. Die Gemüsepfanne mit Salz, Pfeffer und Zucker bestreuen, Gemüsebrühe, Sherry, Austern- und Sojasoße zugießen. Einmal umrühren, Deckel schließen und das Gemüse bei milder Hitze 3 Minuten dünsten.

Speisestärke mit 2 Eßlöffel Wasser glattrühren, 1 Minute vor Ende der Garzeit das Gemüse damit leicht binden.

Gemüse in eine vorgewärmte Schüssel füllen, mit dem Frühlingsgrün bestreut servieren.

Semur terong

Gebratene Auberginen

kcal	kJ	E/g	F/g	KH/g	BS/g	Chol/mg	Vit B 1/mg	Vit C/mg	Ca/mg	Mg/mg	Fe/mg
204	850	7,0	9,0	22,0	8,0	–	0,27	49,0	92	69	3,0

- 2 mittelgroße Auberginen
- Vollmeersalz
- 2 Zwiebeln
- 2 Knoblauchzehen
- 1 kleine Salatgurke
- 1 Fleischtomate
- 2 EL gutes Sojaöl
- 1 TL Sambal olek (rote Pfefferpaste)
- 1 TL Rohzucker
- je 2 EL Ketchap asin, Hühnerbrühe und Zitronensaft
- glatte Petersilie oder Koriandergrün

Die gewaschenen, ungeschälten Auberginen in 2 cm dicke Scheiben schneiden, mit Salz bestreuen, 10 Min. stehen lassen.
Unterdessen Zwiebeln und Knoblauch schälen, sehr fein hacken.
Ungeschälte Salatgurke und gehäutete, entkernte Tomate in 1 cm große Würfel schneiden.
Auberginenscheiben mit Küchenkrepp trockentupfen. Öl im Wok oder einer tiefen Bratpfanne erhitzen, Zwiebeln und Knoblauch darin goldgelb braten. Auberginen portionsweise zufügen, beidseitig kurz braten. Herausnehmen und warmstellen. Gurken- und Tomatenstückchen sowie alle Gewürzpasten ins Bratfett geben, einige Minuten unter ständigem Rühren braten. Dann die Hitze reduzieren, Auberginen vorsichtig zugeben und in der sämigen Soße mehrmals wenden. Mit glatten Petersilien- oder Koriandergrünblättchen bestreut servieren.

Beilagen: Kroepoek (Krabbenbrot, in Asienläden erhältlich) oder Reis.

Sate

Fleischspießchen mit Erdnußsoße

Fleischspießchen:

kcal	kJ	E/g	F/g	KH/g	BS/g
280	1.174	30,0	13,0	6,0	0,2
Chol/g	Vit B 1/mg	Vit C/mg	Ca/mg	Mg/mg	Fe/mg
79,0	0,2	4,0	66	40	3,0

- je 250 g mageres Rindfleisch (Rumpsteak) und Hähnchenbrustfilet
- 2 Stengel Zitronengras (ersatzweise abgeriebene Schale einer unbehandelten Zitrone)
- 2 Schalotten
- 2 Knoblauchzehen
- 1 Stück Galgant (thailändischer Ingwer, ca. 1 cm groß)
- 1 TL gemahlener Koriander und Kümmel
- Milch einer frischen Kokosnuß
- 2 EL gutes Sojaöl

Erdnußsoße:

kcal	kJ	E/g	F/g	KH/g	BS/g
308	1.289	11,0	22,0	13,0	4,0
Chol/g	Vit B 1/mg	Vit C/mg	Ca/mg	Mg/mg	Fe/mg
—	0,36	6,0	38	80	1,6

- 150 g ungesalzene geröstete Erdnüsse
- 2 Schalotten
- 1 Knoblauchzehe
- 2 frische Chilischoten
- 1 Stengel Zitronengras
- je 1 EL gemahlener Koriander, Kreuzkümmel und Galgant
- 1 EL gutes Sojaöl
- 1 EL brauner Zucker
- 2 EL Zitronensaft
- 2 EL Sojasoße

Fleischspießchen: Rindfleisch und Hähnchenbrustfilet in 3 cm große Würfel schneiden. Zitronengras, Schalotten, Knoblauch und Galgant sehr fein würfeln, mit den gemahlenen Gewürzen, Kokosmilch und Öl verrühren. Fleischwürfel 1 Stunde darin marinieren.
Danach die Fleischwürfel abtropfen lassen (Marinade aufheben), dicht an dicht auf Bambusspießchen stecken und in einer Pfanne oder unter dem Grill 4—6 Minuten braun braten. Heiß mit Erdnußsoße servieren.

Erdnußsoße: Erdnüsse fein mahlen. Schalotten, Knoblauch, entkernte Chilischoten und Zitronengras im Blitzhacker fein pürieren, Koriander, Kreuzkümmel und Galgant zugeben. Öl erwärmen, die Paste darin leicht andünsten (Vorsicht, brennt leicht an!). Fleischmarinade und 1/8 l Wasser zugießen, einmal aufkochen. Dann die Nüsse, Zucker, Zitronensaft und Sojasoße zufügen und die Soße glattrühren. Unter Rühren erhitzen, aber nicht mehr kochen lassen. Abgekühlt zu Tisch bringen.

Beilagen: gehackte Zwiebel- und Salatgurkenwürfel sowie Kroepoek (Krabbenbrot) oder Reis.

Tip: Die Erdnußsoße paßt auch gut zu **Gado-gado.** So nennt man im asiatischen Raum eine Gemüseplatte, die sowohl aus knackig gegarten Gemüsesorten als auch rohen Zutaten besteht. Häufig werden auch hartgekochte Eischeiben und gebratene Tofuwürfel dazu gereicht.

Sayur tumis

Erbsenschoten und Garnelen mit Ingwer

kcal	kJ	E/g	F/g	KH/g	BS/g
239	1.000	15,0	9,0	20,0	7,0
Chol/g	Vit B 1/mg	Vit C/mg	Ca/mg	Mg/mg	Fe/mg
50,0	0,45	37,0	92	73	3,5

- 500 g frische zarte Erbsenschoten
- 6—8 Riesengarnelen (king prawns), ersatzweise 100 g ausgepulte Nordseekrabben
- 1 große Zwiebel
- 1—2 Knoblauchzehen
- 1 Stück (ca. 5 cm) frische Ingwerwurzel
- 2 EL gutes Pflanzenöl
- 2 EL heller Weinessig
- 1 EL Santen (eingedickte Kokosmilch)
- 1 TL pulverisierte Laoswurzel
- 1 TL Sambalpaste
- gut 1/4 l Gemüsebrühe
- Vollmeersalz

Von den Erbsenschoten die Enden abknipsen, falls nötig entfädeln. Riesengarnelen 5 Min. in Salzwasser garen, auslösen. Zwiebel und Knoblauch schälen, fein hacken. Ingwerwurzel ganz fein raspeln. Öl in einem Wok oder einer tiefen Pfanne erhitzen, Zwiebeln und Knoblauch unter Rühren goldgelb braten. Ingwer und Erbsenschoten zufügen, kurz anbraten. Essig, Santen, Laos und Sambal zugeben, einmal durchmischen, mit Gemüsebrühe auffüllen. Das Gemüse langsam zum Kochen bringen, zugedeckt 5 Minuten garziehen lassen. Garnelen darin erwärmen. Das Gericht mit Salz abschmecken und servieren.

Beilage: Reis oder Eiermie (Nudeln).

Safranreis

kcal	kJ	E/g	F/g	KH/g	BS/g
280	1.172	5,0	5,0	51,0	3,0
Chol/g	Vit B 1/mg	Vit C/mg	Ca/mg	Mg/mg	Fe/mg
1,0	0,06	8,0	59	35	1,7

- 200 g Basmatireis
- 3 EL Milch
- 2 Kapseln Safran
- 1 große Zwiebel
- 1 EL gutes Pflanzenöl
- 3 Kardamomkapseln
- 2 Gewürznelken
- 1 Sternanis
- 1 Stück Zimtstange
- 1/2 TL Kurkuma (Gelbwurz)
- nach Belieben 2 EL Rosinen, in Wasser eingeweicht

Reis in Wasser so lange waschen, bis das Wasser ganz klar ist. Danach in einem Sieb abtropfen lassen. Milch erwärmen, Safran darin auflösen. Die Zwiebel schälen, in hauchdünne Streifen schneiden, in Öl gelb dünsten. Gewürze und Reiskörner zufügen, solange bei mittlerer Hitze braten, bis die Reiskörner gelb überzogen sind. 3/8 l kochendes Wasser, mit 1 Teel. Vollmeersalz verrührt, zugießen, zum Kochen bringen. Safranmilch darüberträufeln und den Reis zugedeckt bei ganz milder Hitze 20—25 Minuten quellen lassen. Vor dem Servieren mit einer Gabel auflockern, nach Belieben Rosinen untermischen.

Beilagen: feingeraspelter Möhrensalat, mit einer Marinade aus Obstessig, wenig Öl, reichlich Joghurt und etwas Honig angemacht, oder — üppiger — ein Fleischcurry (folgendes Rezept).

Roghan gosht
Würziges Fleischcurry

kcal	kJ	E/g	F/g	KH/g	BS/g	Chol/mg	Vit B 1/mg	Vit C/mg	Ca/mg	Mg/mg	Fe/mg
342	1.430	33,0	15,0	12,0	3,0	97,0	0,33	14,0	183	58	5,0

- 500 g mageres Lammfleisch
- Saft von 1 Zitrone
- 1 TL Vollmeersalz
- 1 Bund Petersilie
- 2 Becher (à 175 g) fettarmer Joghurt
- 2 große Zwiebeln
- 2 EL Butterschmalz
- 1 Stück (ca. 4 cm) Ingwerwurzel, feingerieben
- je 1 TL gemahlener Kreuzkümmel, Kardamom, Zimt und Pfeffer
- je 1/2 TL Kurkuma (Gelbwurz), Nelken und Koriander
- 1 Löffelspitze Rosenpaprika
- 2 EL Tomatenmark, in 1/2 Tasse Wasser verrührt

Das Fleisch in 3 cm große Würfel schneiden, mit Zitronensaft, Salz, gehackter Petersilie und Joghurt 24 Stunden marinieren.
Zwiebeln hacken, in einem schweren, möglichst gußeisernen Topf in Butterschmalz glasig schwitzen. Abgetropfte Fleischstücke (Marinade aufheben) zufügen, unter Rühren bei starker Hitze rundum braun anbraten. Danach die Gewürze darüberstreuen, 2 Minuten mitbraten. Mit Joghurtmarinade und Tomatensaft ablöschen, das Ragout einmal aufkochen, gut zugedeckt bei schwacher Hitze ca. 1 1/4 Stunden schmoren lassen. In der Zwischenzeit höchstens 1—2 mal durchrühren. Das Fleisch soll zuletzt knusprig-glänzend überzogen sein.

Beilage: Fladenbrot oder Reis.

Tip: Anstelle von Lammfleisch kann auch mageres und möglichst zartes Rindfleisch verwendet werden (in Indien essen die Hindus aus religiösen Gründen kein Rindfleisch).

Masur dhal

Rotes Linsengemüse

kcal	kJ	E/g	F/g	KH/g	BS/g	Chol/mg	Vit B 1/mg	Vit C/mg	Ca/mg	Mg/mg	Fe/mg
312	1.309	16,0	9,0	37,0	10,0	21,0	0,16	8,0	70	66	5,0

- 250 g rote Linsen
- 2 milde grüne Peperonischoten
- 1 TL Vollmeersalz
- 4 Zwiebeln
- 2 Knoblauchzehen
- 2 EL gutes Pflanzenöl oder Butterschmalz
- je 1/2 TL gemahlener Kreuzkümmel (Cumin), Kurkuma, Bockshornklee und Senfkörner
- 1 Löffelspitze Chilipulver

Linsen mit 3/4 l kaltem Wasser, einer längs halbierten, entkernten Peperoni und Salz in einen Topf geben. Zum Kochen bringen und die Hülsenfrüchte halb zugedeckt bei milder Hitze ca. 30 Minuten garen. Vorsicht: die Linsen dürfen nicht zerfallen, sondern sollten noch knackig sein.
Inzwischen Zwiebeln und Knoblauch schälen, in Ringe schneiden. In Öl glasig schwitzen, mit Gewürzen bestäuben, unter Rühren mit anbraten (Achtung: die Gewürze brennen leicht an und schmecken dann bitter!).
Linsen und Zwiebeln vorsichtig mischen, in eine vorgewärmte Servierschüssel füllen. Mit der restlichen, in dünne Ringe geschnittenen Peperonischote bestreuen.

Beilage: Reis oder Fladenbrot.

Rosinen-Chutney: 150 g über Nacht in Wasser eingeweichte Rosinen mit Saft von 1 Zitrone, 1/4 TL Ingwerpulver, 1/2 TL Vollmeersalz und Cayennepfeffer nach Geschmack im Mixer pürieren, 1 Bund gehackte Petersilie unterziehen.

AUSTRALIEN/OZEANIEN

Pumpkin Soup

Kürbissuppe

kcal	kJ	E/g	F/g	KH/g	BS/g
173	727	7,0	1,0	31,0	8,0
Chol/g	Vit B 1/mg	Vit C/mg	Ca/mg	Mg/mg	Fe/mg
—	0,35	95,0	99	90	3,0

- Je 500 g festes Kürbisfleisch und Kartoffeln
- 2 Zwiebeln
- 1/2 l Hühner- oder Gemüsebrühe
- Vollmeersalz
- 1 Msp. Cayennepfeffer
- eine Handvoll Blumenkohlröschen
- 1 Fleischtomate

Kürbisfleisch schälen, Kerne und Fasern entfernen, in grobe Würfel schneiden. Kartoffeln und Zwiebeln schälen, grob würfeln. In Hühner- oder Gemüsebrühe bei mittlerer Hitze ca. 40 Minuten köcheln lassen.
Inzwischen vorbereitete Blumenkohlröschen in wenig Salzwasser knackig garen. Tomate häuten, entkernen und in Würfel schneiden.
Kürbis- und Kartoffelscheiben mit soviel Brühe pürieren, daß eine cremige Konsistenz entsteht. Mit Salz und Cayennepfeffer abschmecken. Kürbissuppe in vorgewärmte Suppenteller füllen, Blumenkohlröschen und Tomatenwürfel hineingeben.

Beigabe: sehr dünne, geröstete Brotscheiben.

Baked Lettuce

Salatgemüse aus dem Backofen

kcal	kJ	E/g	F/g	KH/g	BS/g
330	1.383	15,0	15,0	29,0	8,0
Chol/g	Vit B 1/mg	Vit C/mg	Ca/mg	Mg/mg	Fe/mg
121,0	0,3	26,0	200	86	3,4

- 1 Kopf Eisbergsalat
- 375 g Karotten
- 375 g Kartoffeln
- Vollmeersalz
- 1 TL Butter oder Pflanzenmargarine
- 1/4 l Milch
- 2 Eier
- 1/2—1 TL Edelsüß-Paprika
- je 1 EL geriebener Käse und Semmelbrösel
- 50 g feingehackte Walnüsse

Die äußeren Salatblätter, falls nötig, entfernen, den Salatkopf vierteln, gründlich waschen.
Karotten und Kartoffeln schälen, in dünne Scheiben schneiden. Salatviertel in schwach gesalzenem Wasser 2 Minuten, Karotten und Kartoffelscheiben 5 Minuten blanchieren, gut abtropfen lassen.
Eine flache feuerfeste Form einfetten, Karotten- und Kartoffelscheiben darin verteilen. Salatviertel darauf legen. Milch mit Eiern, Salz und Paprika gut verquirlen, darübergießen. Das Gemüse mit Käse, Bröseln und Nüssen bestreuen und im Backofen (E.: 200° C, G.: 3) ca. 40 Minuten überbacken.
Falls der Salat zu braun wird, nach 20 Minuten ein Stück gefettetes Pergamentpapier (oder Alufolie) darüberlegen.

Kalorien- und Cholesterinersparnis: Walnüsse weglassen.

Arroz a la Luzonia

Luzoner Reispudding

kcal	kJ	E/g	F/g	KH/g	BS/g	Chol/mg	Vit B 1/mg	Vit C/mg	Ca/mg	Mg/mg	Fe/mg
393	1.644	26,0	14,0	35,0	4,0	227,0	0,44	32,2	107	101	3,6

6 Portionen

- 200 g mageres Schweinefilet oder Hähnchenbrüstchen
- 1 große Zwiebel
- 1 Knoblauchzehe
- 2 EL gutes Pflanzenöl
- 6–8 Riesengarnelen, gekocht und geschält
- Vollmeersalz, Pfeffer
- 1/2 TL Rosenpaprika
- 250 g Langkornreis, gegart
- 3 Eier
- 2 grüne Chilischoten
- 1 TL Butter
- 2 Bananen
- 1 reife Mango

Schweinefilet in sehr dünne Streifen schneiden. Zwiebel fein hacken, Knoblauch zerdrücken. Zwiebel und Knoblauch in Öl glasig dünsten, die Fleischstreifen zugeben, ringsum leicht anbraten. Garnelen, evtl. längs halbiert, zugeben, 3 Min. mitgaren. Mit Salz, Pfeffer und Rosenpaprika würzen. Etwas abgekühlt gegarten Reis und verquirlte Eier untermischen.
Eine runde feuerfeste Schüssel einfetten. Chilischoten längs aufschneiden und entkernen. Die Schoten sternförmig in die Schüssel legen, Reismischung einfüllen, leicht andrücken.
Die Schüssel mit passendem Deckel oder gefetteter Alufolie verschließen und den Reispudding im Wasserbad (E.: 220° C, G.: 4) ca. 40 Min. garen.
In der Zwischenzeit Bananen schälen, halbieren. Mango schälen, in Spalten vom Stein schneiden. Bananen und Mangos dünn mit Butter bepinseln, unter dem Grill 5 Minuten erwärmen.
Fertigen Reispudding auf eine vorgewärmte Servierplatte stürzen, mit Bananen und Mangospalten umlegen.

Anmerkung: Wer auf Cholesterin achten muß, sollte sich von diesem Gericht nur eine kleinere Portion gönnen.

Laulau

Gefüllte Spinatpäckchen

kcal	kJ	E/g	F/g	KH/g	BS/g	Chol/mg	Vit B 1/mg	Vit C/mg	Ca/mg	Mg/mg	Fe/mg
270	1.126	28,0	10,0	21,0	2,0	52,0	0,27	66,0	199	120	6,0

- 500 g frischer großblättriger Spinat
- je 4 dünne Scheiben Forellenfilet und frischer Lachs (à ca. 60 g)
- Vollmeersalz
- etwas Soja-Sauce
- eine Handvoll frische beliebige Kräuterblättchen
- gut 1/8 l Sake (Reiswein) oder trockener Sherry

Spinat von den Stielen zupfen, 2 Min. in kochendem Wasser blanchieren, in Eiswasser abschrecken. Gut abtropfen lassen.
4 runde Porzellanschälchen oder Tassen mit Spinatblättern auskleiden. Forellen- und Lachsscheiben leicht salzen und mit Soja-Sauce beträufeln. Auf den Spinat legen, Kräuterblättchen darauf verteilen. Mit Sake oder Sherry begießen und den Spinat über dem Fisch zusammenschlagen. Porzellanschälchen mit passenden Deckeln oder gefetteter Alufolie verschließen.
In einem großen Topf 5 cm hoch Wasser erhitzen, ein Gitter einsetzen und die Schälchen daraufstellen. Die Spinatpäckchen im Dampf des Wasserbades ca. 10 Minuten garen. In den Schälchen servieren und Deckel erst bei Tisch öffnen.

Beilage: Reis oder Buchweizennudeln (in Asienläden erhältlich).

Variante: Statt der angegebenen Fischsorten dünne Scheiben Schweinefilet, belegt mit je 2 Streifen Räucherlachs, einfüllen. Sparsam salzen, da der Räucherlachs oft schon genügend Salz an das Fleisch abgibt.

Tariyaki

Süßsaure Fleischspießchen

kcal	kJ	E/g	F/g	KH/g	BS/g
261	1 091	25,0	6,0	18,0	3,0
Chol/g	Vit B 1/mg	Vit C/mg	Ca/mg	Mg/mg	Fe/mg
56,0	0,3	19,0	36	60	4,4

- 375 g mageres Rindfleisch
- 3 EL Soja-Sauce
- 3 EL Sake (Reiswein) oder trockener Sherry
- 1 Stück (4 cm lang) frische Ingwerwurzel
- 2 TL brauner Zucker
- 1 Zwiebel
- 1 Knoblauchzehe
- 1 frische Baby-Ananas
- 12—16 frische Champignons
- 1 TL Speisestärke
- 2 EL Wasser

Rindfleisch in 2 cm große Würfel schneiden. Soja-Sauce, Sake, geriebene Ingwerwurzel, Zucker und die sehr fein gehackte Zwiebel und Knoblauch verrühren. Fleischstücke 2 Stunden in die Marinade legen.
Inzwischen die Ananas schälen, halbieren, harten Strunk wegschneiden. Ananas ebenfalls in 2 cm große Würfel schneiden. Pilze putzen, Stiele herausdrehen. Abgetropfte Fleischstückchen (Marinade aufheben), Ananas und Pilze abwechselnd auf Spieße stecken, auf jeder Seite 2 Minuten grillen.
Marinade sieben, in einem Topf erhitzen. Stärke und Wasser glattrühren, Marinade damit binden.
Spießchen auf Reis anrichten, mit der heißen Soße beträufeln.

Die Doppel-Strategie für Figur und Fitness:

Essen und Trimmen – beides muß stimmen!

Mit Hungern und strengem Diäthalten kann man keine gute Figur machen. Dafür ist sportliches Training in Verbindung mit einer bewußten Ernährung notwendig. Wer also nur die Kalorien zählt und auf den Zeiger der Badezimmerwaage achtet, hat zuwenig für Gesundheit, Figur, Fitness und Wohlbefinden getan.

Erfolgreich abnehmen und auf Dauer schlankbleiben setzt immer eine Änderung ungünstiger Ernährungsgewohnheiten voraus. Rasch heruntergehungerte Pfunde sind bekanntlich schnell wieder angegessen, falls man nicht gelernt hat, schon während der Diät das Richtige zu essen und zu trinken. Hinzu kommt, daß der Stoffwechsel durch allzu rigorose und einseitige Diäten auf »Sparflamme« schaltet und so eine rasche Gewichtszunahme nach Beendigung der Diätmaßnahme vorprogrammiert ist.

Ebenso wichtig ist es, sich ein vernünftiges Gewichtsziel zu setzen und dieses langsam — dafür aber auf Dauer erfolgreich — anzugehen. Aus gesundheitlicher Sicht ist für Erwachsene das sogenannte

Broca-Normalgewicht in kg
= Körperlänge in cm minus 100

ein guter Anhaltspunkt. Wer normalgewichtig ist, ohne ständig zu hungern oder Diät halten zu müssen, sollte dabei bleiben. Eine deutliche Überschreitung des Broca-Normalgewichtes ist nur in Verbindung mit einem Aufbautraining sinnvoll. Als Wohlfühl-Gewichtsbereich gilt das Broca-Normalgewicht ± 10 Prozent.

Gesundheitlich sicher und auf Dauer erfolgreich abnehmen — fitnessbewußt genießen lernen.

Ein einfacher und sicherer Einstieg in das Abnehmevorhaben sind nach der Diät-Verordnung standardisierte Produkte zur Gewichtsreduktion. Diese »maßgeschneiderten« Diätdrinks sind gut als »Starthilfe« geeignet. Die einfache Zubereitung hilft, Diätfehler zu vermeiden. Einem Nährstoffmangel wird aufgrund der standardisierten Zusammensetzung nach den Bestimmungen der Diätverordnung vorgebeugt. Die Tagesration (5 Portionen) deckt den Bedarf an Eiweiß, Linolsäure (eine lebenswichtige Fettsäure) sowie Vitaminen und Mineralstoffen. Diese Nährstoffe sind unverzichtbar beim gesunden Abnehmen. Ein Eiweiß-, Vitamin- und Mineralstoffmangel führt zu Leistungsabfall, Nervosität und Krankheitsanfälligkeit.

Jeder weiß zwar, daß man beim Abnehmen Kalorien einsparen muß. Den meisten ist aber nicht bekannt, daß der Bedarf an lebenswichtigen Vitaminen und Mineralstoffen auch bei verringerter Kalorienzufuhr unvermindert hoch ist. Es ist daher unbedingt notwendig, diese wichtigen Leistungsnährstoffe und Gesundheitsschutzfaktoren in der empfohlenen Menge aufzunehmen:

Empfohlene Nährstoffzufuhr pro Tag		
Vitamin A	1,0	mg
Vitamin B_1	1,4	mg
Vitamin B_2	1,7	mg
Vitamin B_6	1,8	mg
Vitamin C	75	mg
Vitamin E	12	mg
Vitamin D	5	mcg
Nicotinsäureamid	15—18	mg
Pantothensäure	8	mg
Calcium	800	mg
Eisen	12—18	mg

Zusätzlich wird empfohlen, mindestens **50 g hochwertiges Eiweiß** aufzunehmen, damit es während des Abnehmens nicht zum Abbau von Muskeleiweiß und Leistungseinbußen kommt.

Mindestens **90 g Kohlenhydrate** sind notwendig, um die kohlenhydratabhängigen Stoffwechselfunktionen zu gewährleisten.

Für die gesunde Funktion von Zelle, Haut und Fettstoffwechsel werden täglich mindestens **7 g Linolsäure** benötigt.

Ein standardisiertes Produkt wie TOP-LINE (von Sporting) entspricht in seiner Zusammensetzung als Tagesration (5 Portionen) exakt diesen Nährstoffzufuhrempfehlungen und damit den Anforderungen der Diätverordnung und macht die Nährstoffversorgung beim Abnehmen sicher.

Vorurteile gegen Formuladiäten?

Der alleinige Einsatz dieser Diäthilfen ist auf Dauer abzulehnen, da man dabei nichts über vernünftige Ernährung lernt, und sie letztendlich auch geschmacklich eintönig werden. Die Diätmahlzeiten erleichtern aber den Einstieg in die persönliche Ernährungsumstellung. Man kann die ersten Tage durchaus »pur« davon leben. Gleichzeitig ist man, obwohl sehr wenig Energie aufgenommen wird, optimal mit allen wichtigen Nährstoffen versorgt, was über normale Lebensmittel bei einer Niedrig-Kalorien-Diät kaum gewährleistet ist. Beginnen Sie aber bald, die Ersatzmahlzeiten durch bewußt zusammengestellte »normale« Mahlzeiten zu ergänzen und dann abzulösen. Wählen Sie nach Geschmack aus den Gerichten der internationalen Fitness-Küche unseres Buches. Und frühstücken Sie sportlich, das heißt mit Vollkorn, Obst und fettarmen Milchprodukten. So wird Ihr Abnehmevorhaben zur Feinschmecker-Fitnesskost.

Literatur:

Deutsche Gesellschaft für Ernährung (Hrsg.): Empfehlungen für die Nährstoffzufuhr. Frankfurt 1991.

Bredenkamp, A.; Hamm, M.: Trainieren im Sportstudio. Bünde 1990.

Geiß, K.-R.; Hamm, M.: Handbuch Sportler-Ernährung. Hamburg 1990.

Hamm, M.; Kappus, W.: Kochkurs. Eine Information der AOK. Frankfurt 1989.

Hamm, M.; Weber, M.: Sporternährung praxisnah. Weil der Stadt 1990.

Hamm, M.: EuroAsiatische Küche, Weil der Stadt 1990.

Hamm, M.: Fitness Ernährung. Reinbek 1990.

Hamm, M.: Schluß mit dem Diät-Streß. München 1992.

Bildnachweis
Ulrich Kopp, Füssen: Seite 13, 20, 25, 35, 40, 48, 51, 55, 64, 69, 72.
Edith Gerlach, Frankfurt: Seite 15, 28, 33, 60.
Sportaufnahmen Seite 37, 45, 58, 74:
IFA Bilderteam, München.
Seite 9: Bavaria, Gauting.

Nährwertberechnungen
Dipl. oec. troph. Kathrin Sebastian
mit BAERLI 5.0; Datengrundlage: Bundes-Lebensmittelschlüssel BLS II. 1 (BGA), 1992

Printed in Germany.
Gesamtherstellung: Druckhaus Neue Stalling, Oldenburg, 1992.

ISBN 3-7750-0229-4